AF503417

LA DESOLATION
DES ENTREPRENEURS
MODERNES
DU TEMPLE DE JERUSALEM

# NOUVEAU CATECHISME

## DES FRANCS-MAÇONS.

CONTENANT tous les Mystères de la Maçonnerie, épars & obmis dans l'ancien Catéchisme, dans le Livre intitulé le *Secret des Francs-Maçons*, *&c.* Et dans celui qui a pour titre, *le Sceau rompu*, *&c.* Divisés en neuf Chapitres, précédés de l'Histoire d'*Adoniram*, Architecte du Temple de Salomon; avec de nouveaux desseins des Loges de l'Aprentif-Compagnon, & du Maître.

*Dédié au beau Sexe.*

### TROISIE'ME E'DITION,

Revûë, corrigée & augmentée des Observations de l'Auteur sur l'*Histoire des Francs-Maçons*, d'un Extrait critique de l'*Anti-Maçon*, de deux Lettres, & d'une Consultation sur le même sujet, enrichie de Figures en Taille douce.

*Prix 4 liv. en blanc.*

---

A JERUSALEM,

Chez PIERRE MORTIER, ruë des Maçons, au Niveau d'or, *entre l'Equère & le Compas.*

---

M.CCCC.XL. Depuis le Déluge.

*Avec Approbation & Privilége du Roi Salomon.*

# AU BEAU SEXE.

C'EST à vous, *Sexe charmant, que je consacre mes recherches les plus exactes sur le secret des* FRANCS-MAÇONS. *Eh ! Devroit-il y avoir quelque secret pour vous ? Les Dames Romaines, à la vérité, célébroient certains Mystères en l'honneur de Cerès,* (1) *d'où les hommes*

(1) Les Mystères de Cerès, qu'Ericthée établit chez les Grecs, furent introduits à Rome par Evandre, l'an de la Fondation de Rome 219. Ils se célébroient dans un Temple consacré à cette Déesse. On commençoit cette cérémonie un peu avant l'aurore. Les hommes n'y étoient point admis. Des Femmes & des filles faisoient seules les fonctions sacerdotales. Il leur étoit expressément défendu de révéler ces Mystères : & pour mieux s'assurer de leur discrétion, l'usage du vin leur étoit interdit. Si les instituteurs des Mystères de la Maçonnerie eussent eu la même précaution, leur secret, peut-être, n'auroit jamais transpiré. Cependant on prétend, que les Mystères de Cerès ont eu le même sort, que les Mystères de la Maçonnerie. Mais l'événement n'est pas si honteux pour les Francs-Maçons, que pour les Prê-

*étoient bannis scrupuleusement. Mais les Dames Françoises ne sacrifient à aucune Divinité sans nous y appeller. Quelle ingratitude donc de vous exclure de ces Orgies solemnelles, vous qui en feriez l'ornement ! Est-ce pour jetter sur vous un soupçon d'indiscrétion, que vous ne mérités pas ? Vous sçavez si bien vous taire, quand nos étourdis ont tant de demangeaison de parler. Dans les affaires*

tresses de Cerés. Car les Mystères de celle-ci étoient, dit-on, l'adoration de Phallus, ou de Priape : Mystères infâmes, institués par Cerès, ou Isis, en mémoire d'Osiris son mari, ou pour mieux dire, en mémoire seulement d'une des parties de son corps, qu'elle ne put trouver après sa mort : & vraisemblablement c'étoit celle qu'elle chérissoit le plus. Mais les Mystères de la Maçonnerie ne contiennent rien de criminel, si l'on en supprime les motifs d'interêt, & de gourmandise, le serment frivole, & la profanation des Livres saints. Cette réforme une fois faite, je dirois volontiers, ce qu'à dit avant moi un Franc-Maçon de bonne foi & desinteressé, homme aussi respectable par sa probité, que par le rang qu'il tient dans la République des Lettres, je dirois, que *les Francs-Maçons en Loge, s'amusent comme des enfans, qui jouent à la Chapelle.*

qui intereſſent les deux Sexes, le vôtre s'eſt réſervé le mérite du ſilence.

Les Chevaliers dont j'évente l'induſtrie ont beau dire, que le fin du jeu m'échape, que je ne ſçais tout au plus que la marche, & que le fond de leur Religion, le ſens de leurs allégories ſont inviolablement cachés. Cependant je leur donnerai la peine d'exercer leur imagination à inventer de nouveaux preſtiges, s'ils veulent avoir encore quelques ſecrets pour nous.

Je n'ai pas imité la conduite pèrverſe d'un écrivain, qui pour décrier une ſociété puiſſante dans l'un & l'autre monde, s'y enrôla, en prit l'habit, y fit des vœux, & la ſuivit en eſpion juſqu'au Paragay, lieu inacceſſible aux Etrangers. Je ne me ſuis point fait inſcrire parmi les ſucceſſeurs d'Adoniram : mais je leur ai vû faire l'exercice. Avec un peu de ſagacité l'on démaſque aiſément les trompeurs. Ils me croyoient des leurs, ils m'ont admis à leurs momeries. Elles roulent, comme toutes celles qu'on joüe ici bas, ſur deux pivots, l'interêt & la gourmandiſe, deux vilains vices à vos yeux & aux miens.

Encore si ces spectacles étoient animés par une passion plus délicate, j'y courrois loin de les condamner.

Les bons Frères, sans doute, se plain-dront amerement de cet Ouvrage. J'ai même tout à craindre, dit-on, de leur vengeance. Mais il me sufit, pour auto-riser mon projet, d'avoir pû vous of-frir un hommage. J'ai par surabondan-ce de droit, la reconnoissance de beau-coup d'honnêtes gens. On tendoit un piége à leur bourse. C'est moi qui leur indique le péril.

Ceux qui ont été dupes de nos bate-leurs serieux, & qui rougissent en secret de l'être, voudront d'abord soutenir la gageure. Qui est-ce qui convient d'avoir été attrapé ? Mais après quelques réfléxi-ons ils me rendront grace, & regrete-ront de n'avoir pas eu plûtôt mes petites instructions.

# PREFACE.

J'AVOÜE, qu'il y a des fautes, & des obmiſſions dans ma prémière Edition. Cependant je les crois fort excuſables ; car je pourrois jurer ( non pas *foï de Gentil-homme*, le Niveau n'a pas mis m'a roture à *l'uni* de la Nobleſſe ) mais je pourois affirmer en honnête - homme , quoique *Profane* (1) que je ne les ai faites qu'après les avoir vû commettre à pluſieurs *vénérables* Maîtres de *Loges*. Quoiqu'il en ſoit , ceux qui s'en tiendront à ma prémière Edition, & qui auront conſulté le Livre intitulé *le ſécret des Francs-Maçons* , pourront tou-

___

(1) C'eſt le nom que les Francs-Maçons donnent à tous ceux qui ne ſont point de leur confrairie.

jours fe flater d'être encore mieux inftruits, que la plupart des initiés ne le font eux-mêmes. En effet combien y en a-t-il qui ne fçavent tout au plus que les cérémonies de la Table, n'ayant jamais eu d'autre objet en vue ! Il eft vrai cependant , qu'un *Profane* qui ne tirera fes lumières , que du Livre en queftion , & de mon prémier Catéchifme, n'aura qu'une idée affez imparfaite de la Maçonnerie. C'eft la raifon, qui m'a engagé à donner cette feconde Edition, & pour n'y rien laiffer à defirer , non content d'avoir confidérablement augmenté & rangé dans un ordre plus méthodique les demandes & les réponfes du Catéchifme , & corigé les fautes & les obmiffions commifes, tant dans les deux deffeins qu'ils appellent la *Loge* , que dans l'hiſtoire d'Adoniram , & dans les cérémonies de la Réception du Maître, je joins aux Myſtères de ce dernier grade, ceux de l'Aprentif, du Compagnon, les cérémonies du feſtin, & leur Alphabet , en un mot tous les Myſtères de la Maçonnerie , contenus, ou obmis dans mon ancien Catéchiſme , dans le Livre intitulé, *le ſecret des Francs-Maçons &c.* & dans celui qui a pour titre *le Seau rompu &c.* Seuls ouvrages imprimés juſqu'à préſent pour donner des notions de la Maçonnerie , quoique pleins de fautes & inſuſiſans tous trois.

Le ſecond & le plus étendu ne fait qu'effleurer les Myſtères de l'Apprentif, du Compagnon & les cérémonies de la Table. On voit bien que l'Auteur étoit alors *dans les ténebres.* Depuis qu'il *a vû la lumière* , (1) il doit fçavoir , qu'il n'a pas rempli fon titre. Il dit, que la réception des Maîtres n'eft que de pure cérémonie , que l'on n'y aprend prefque rien de nouveau , que la Sale eft décorée à peu-près de la même façon que pour la réception des Apprentifs , & des compagnons, & que les Maîtres n'ont point de mot , ni de figne , qui les diftingue de ces derniers. Ne devoit-il pas imaginer , que puifqu'il y avoit de la diférence entre les Apprentifs , & les Compagnons , il devoit y en avoir auffi , entre les Compagnons , & les Maîtres ?

______

(1) Les Francs-Maçons pour donner une merveilleufe idée de toutes leurs momeries , difent, qu'ils ont *vû la lumière* , & que ceux qui n'ont pas le bonheur d'être initiés à leurs Myftères , font *dans les ténèbres.*

Il a raifon de dire, qu'il ne s'agit point chez les Francs-Maçons d'*Hiram* Roi de Tyr ; mais il ne s'agit point non plus de cet *Hiram* admirable ouvrier en métaux, (1) perfonnage que Salomon avoit fait venir de Tyr, & qui s'immortalifa par les deux colomnes de bronze placées à la porte du Temple, l'une nommée *Jachin*, & l'autre *Booz*.

Quel rapport d'un Ouvrier en Métaux avec la Confrairie des Francs - Maçons ? Il me femble que la qualité qu'ils prennent, le tablier de peau blanche, la truelle qu'ils portent, & tous les autres inftrumens allégoriques dont

_______

(1) Flavius Jofeph appelle cet Ouvrier *Chiram*, d'autres *Huram Abif.* Son père nommé Ur, defcendoit des Ifraëlites, quoiqu'établi à Tyr, & fa mère étoit de la tribu de Nephtali, felon Jofeph.

ils fe décorent dans leurs Affemblées , n'ont rien de commun
avec les Orfévres, les Serruriers,
les Fondeurs , & les Chaudro-
niers. Mais outre qu'il n'eft pas
vraifemblable, qu'il s'agiffe parmi eux d'*Hiram* Roi de Tyr, non
plus que d'*Hiram* Ouvrier en
Métaux, ils conviennent tous,
que c'eft en mémoire de l'Architecte du Temple de Salomon,
qu'ils exèrcent leurs cérémonies,
& principalement celle de la Réception des Maîtres. Eh ! comment peut - on s'y méprendre,
puifque l'Ecriture nous apprend,
que celui qui conduifoit les travaux du Temple s'appelloit *Ado-*
*niram?* Il eft vrai que Jofeph dans
fon Hiftoire le nomme *Adóram.*
Mais eft-ce affez pour le confondre avec *Hiram* Roi de Tyr , ni
avec *Hiram* , ou *Chiram* Ouvrier

en

en Métaux ? Il n'eſt donc pas douteux, que celui dont les Francs-Maçons honorent la mémoire, s'appelloit Adoniram, ou Adoram, & que c'eſt ſur ſon compte, qu'ils mettent l'avanture tragique, qui ouvre mon Livre. On ne trouve aucuns veſtiges de cette Hiſtoire dans l'écriture ni dans Joſeph. Ils prétendent qu'elle a été puiſée dans le Thalmud, ridicule compilation des rêveries judaïques. Je me fonde uniquement ſur la tradition reçuë parmi les Francs-Maçons, & je la raporte d'après eux-mêmes. Je ſçais que dans toutes les *Loges* on n'obſerve pas à la rigueur le même cérémonial ; mais cette diférence n'altere point le fond du Myſtère, & ne conſiſte, qu'en minuties, qu'on laiſſe à l'option de *vénérables.* Ainſi j'épargne au

Lecteur le détail de ces diférens uſages. Je me ſuis contenté de donner quelques exemples de cette variété dans les cérémonies de la réception de l'Aprentif, & du Maître.

Bon Patriote que je ſuis, fâché que l'Ecrivain que je refute nous croye plus indiſcrets, que les Anglois, je déclare, que c'eſt d'un Anglois Franc - Maçon, que je tiens toutes mes découvertes. Les Anglois ſe jouënt de ſermens plus reſpectables. Se croyent-ils plus inviolablement obligés à leurs *Maîtres de Loges*, qu'à leurs légitimes Souverains ?

Cet Auteur veut encore inſinuer, que la décence & la ſageſſe regnent plus communément en Angleterre, qu'en France, que chez les Anglois les vertus percent même à travers la plus

baſſe extraction ; & il cite ce
ſtatut d'une Société établie à
Londres dans la lie du Peuple.
*Si quelqu'un jure , ou dit des
paroles choquantes à un autre ,
ſon voiſin peut lui donner un
coup de pied ſur les os des jambes.* Que ce ſtatut donne une haute idée de la décence, & de la
ſageſſe Angloiſe ! Je·ne doute
pas , qu'il n'y ait, dans cette ſociété, beaucoup de coups de pied
donnés de·part & d'autre, ſans
compter les coups de tête.

C'eſt un tic de quelques-uns de
nos beaux eſprits de relever l'An-
gletèrre dans leurs Ouvrages , &
d'abaiſſer la France. Sont – ils
flétris chez nous , refugiez chez
les Anglois , & rejettés enſuite
par eux-mêmes, ils ne ceſſent encore de leur ſacrifier leur Nation.
Que d'Ecriyains de·cette eſpece ,

dont la plume téméraire prouve autant la fausseté de l'esprit, que la méchanceté du cœur! On ne doit pas être étonné qu'ils se fassent exclure aussi aisément dechez les grands, qu'ils s'y font admettre audacieusement.

Mais ma digression est un peu téméraire :
Car si certain Poëte, en exil aujourd'hui ,
S'avisoit , méchamment , de la prendre pour
     lui ,
    Hélas ! que deviendroit mon père ?
Comme celui de ce foible Amphion (1)
Qui chez Thémis sçut damer le pion ,
    A notre Appollon ordinaire ;
    Il payeroit la folle enchère
    De ma juste réflexion.
    Dieu le garde de la colere,
    De ce Rimeur dont le sur-nom
    Paroît être ici nécessaire
    Pour la rime & pour la raison.
    Pour moi je n'apréhende guère
    Son vindicatif caractère ,
    Ses intrigues , sa trahison ,
    Sa plume dans le fiel trempée ,
    Sa lâche persécution ,

(1) *Travenol Musicien de l'Opéra.*

Et sans vouloir trancher du brave champion ,
J'apréhende encor moins son bras & son
    épée.

Je ne suis pas le seul, qui ai cha-
griné la Maçonnerie. Je joins à
mes reflexions deux piéces au-
tentiques , tirées du Greffe de la
Police , & dont la teneur n'est
pas annullée par ces vèrs d'un
Franc-Maçon brouillé avec elle.

*Nous servons la patrie) & l'Etat & nos Prin-*
    *ces ,*
*En Citoyens zélé dans toutes les Provinces ,*
*Et de nos Souverains , en défendant les droits ,*
*Avec fidélité nous observons les Loix.* (1)

Ne seroit-il pas plus juste de
dire en adoptant même leurs ex-
preſſions ?

*Vous mettés de niveau les manans & les*
    *Princes*

______

(1) *Mœurs des Francs-Maçons. pag.*

En Francs-Maçons zelés dans toutes les Pro-
    vinces,
Et de vos Souverains, pour foutenir vos
    droits,
Avec témérité vous enfraignez les Loix.

Un autre Père de la Maçonnerie, qui paroît avoir reçu un
coup de marteau de trop à fa réception, prétend prouver dans
un de fes écrits intitulé, *Reflexions occafionnées par la conference
d'un Franc-Maçon & d'un Profane*, que l'on peut, fans rébél-
lion aux ordres du Roi, refufer
d'obéir au Magiftrat.

Ce fyftême à revolté jufqu'aux
femmes de la Halle.   (1)

J'admire l'abfolution & les

_______

(1) Voyez la *Lettre de Marie-bon bec Harangere de la Halle à l'Auteur des Reflexions
occafionnées par la conférence d'un Franc-Maçon, & d'un Profane.* Cet Ecrivain ne mérite
pas d'autres commentateurs.

louanges, que ces bons Frères se donnent eux-mêmes. Absolution & louanges contraires cependant à leurs propres statuts : en voici un article, qui prescrit la modestie & la patience la plus canonique de leur Société (2) *Il est malheureusement defendu aux Francs-Maçons de se vanter, quoique leur mérite put leur en donner le privilège, à l'exemple de deux corps célébres, & très révérés, l'un Seraphique, l'autre Littéraire.* Ce passage est tiré d'une Lettre d'un de leurs illustres Frères, qui a mérité chez eux la charge de *grand Orateur,* charge qui l'a élevé à la succession, & aux récompenses du défunt Arist-

_______________________

(2) *Lettre à Madame de * * * où l'on invite plusieurs Auteurs célébres d'entrer dans l'Ordre des Francs-Maçons par un nouveau Franc-Maçon.* page 3. & 4.

tarque de notre siécle. Mais il
est trop doux pour remplacer ce
vigoureux Censeur du Parnasse,
trop corrigé du goût de satyre,
par sa seule qualité de Maçon,
(3) *qui opere*, dit-il, *dans un su-*
*jet de si miraculeux changements,*
*que le bel esprit, qui à médit*
*en Vers, ou en Prose, ne res-*
*pire que douceur & complaisance,*
dès le moment qu'il est initié.

La Lettre de M. l'Abbé D.
F. à Madame la Marquise de ★★★
ne fait guère plus d'honneur à
la Maçonnerie, qu'à l'Auteur.
Pour presser les curieux d'ache-
ter son Ouvrage, il l'a intitulé
*le véritable secret des Francs-*
*Maçons*, & il dit, page 4. *Quand*
*je serois dans la disposition de*
*tout sacrifier pour réveler nos*

_______________________

(3) *Idem* page 7.

*Myſtères eſſentiels, ma langue ou ma plume ſe refuſeroit au crime de mon cœur.* N'eſt-ce pas ſoufler le froid, & le chaud, & tromper le Public ? Je paſſerai du titre à la réponſe de la cinquième objection, que ſe fait l'Auteur, où il ſe contredit lui-même, & manque encore de bonne-foi. *Je ne conviens pas, dit-il, que nous faſſions des ſermens.* Après cela il avoüe, qu'ils en font un, *mais que l'on ne ſçauroit leur en faire un crime, atten u qu'il n'eſt pas inutile.* C'eſt ce que je leur défie de me prouver. Eſt-il de ſermens légitimes, que ceux que la Religion, le Roi, & la Juſtice impoſent ? Les autres ne font-ils pas vains, ou criminels ? Qu'on les garde ; c'eſt ſupèrſtition. Qu'on les viole ; c'eſt infidélité. Qu'on les annonce aux crédules ; 'ceſt

fourberie. J'ai donc fervi la République en dévoilant tout ce manége.

Les Francs-Maçons trop zelés fe retrancheront toujours fur la négative ; mais cette obftination révoltera les gens affez fenfés , pour croire que j'ai frapé au but ; & les Apologiftes de la confrairie feront les dupes de leur zéle outré.

*Ils la ferviroient mieux en la défendant moins.*

## AVIS AUX PROFANES.

*P*LUS *d'un Profane a vû la lumière, grace à mes inftructions. Ceux qui voudront encore en faire l'épreuve, de leur chef & fans autre lecture, n'ont qu'à contrefaire le Franc-Maçon zelé, c'eft à dire, affecter devant les Frères, à qui ils fe donneront pour initiés, un amour vif*

23)

& un grand respect pour cet état, convenir avec eux, qu'on ne peut être honnête
homme sans être Franc-Maçon, tréssail-
lir d'une joye convulsionnaire à l'aspect
d'une Equèrre & d'un Compas, crier aux
Profanes que l'œil n'a point vû, ni l'oreille entendu, ni l'esprit de l'homme conçu
rien de comparable aux délices, que l'on
savoure en Loge, témoigner pour Léo-
nard Gabanon une haine implacable,
vomir contre lui mille imprécations, lui
prédire le funeste sort d'Adoniram, &
par une contradiction manifeste, soutenir
qu'il n'a rien révélé des Mystères de la
Maçonnerie ( alors le crime est imagi-
naire ) en un mot imiter le vénérable Nicolas Tuyau. (1) c'est à quoi se reconnoissent les bons Frères, autrement dit, les
intéressés, & les fanatiques de la Société.

Un Profane, qui sçaura jouer à prepos
ce personnage, en imposera facilement aux
Initiés. Peut être lui demandera-t-on encore l'endroit où il a été reçû, & le nom de

_______________________________

(1) Antousiaste & Martyr de l'Ordre. Voyez la Lettre critique de Monsieur le Chevalier . . à l'Auteur du Catéchisme des Francs-
Maçons.

ſon Maître de Loge. Qu'il réponde chez
Landel, ruë & Hôtel de Buſſy, ou à l'Hôtel
Soiſſons, ou à la Rapée, ou même chez quelque autre particulier de ſes amis : & pour
ſon Maître de Loge, qu'il nomme le prémier venu. Quand on iroit aux informa-
tions, les Vénérables de Paris, qui pour
rendre le monde de niveau, ont tiré des
ténébres tant de Profanes, de toute eſpéce
& à tous prix, pourroient-ils bien ſe ſouvenir de tous les heureux qu'ils ont faits ?
Enfin un Profane pouſſé à bout n'a
qu'à dire, qu'il a été reçu en Province,
ou dans les Pays Etrangers. J'oſe aſſurer
mes chers Frères les Profanes, que le plus
fin & le plus habile Franc-Maçon, ne
pourra ſe diſpenſer de les confondre avec
les Initiez, ou de méconnoître ſouvent ſes
véritables Frères,

> Pour le Public un Franc-Maçon,
> N'eſt plus à préſent un problême.
> Il pourra le réſoudre à fond,
> Sans devenir Maçon lui-même,

ABREGE'

# ABREGÉ DE L'HISTOIRE

## D'ADONIRAM.

ADONIRAM, chargé de la conduite des travaux du Temple de Salomon, avoit trop d'Ouvriers à payer pour les connoître tous. Dans la crainte de donner à l'Aprentif la paye du Compagnon, & au Compagnon celle du Maître, il convint avec chacun d'eux en particulier, de mots, de signes, & d'attouchements differens pour les distinguer. Le mot des Aprentifs étoit *JaKhin*, nom d'une des deux colomnes d'airain construites par Hiram l'ouvrier en Métaux, & placées à la porte du Temple, auprès de laquelle ils s'assembloient pour recevoir l'Ordre. Pour signe ils portoient la main droite sur l'épaule gauche, les quatre doigts étendus & serrés & le pouce écarté, la retiroient sur la même ligne du côté droit , la laiſſoient retomber ſur la cuiſſe , le tout en trois tems. Pour attouchement , ils appuyoient le pouce droit ſur la prémière & groſſe jointure de l'index de la main droite de celui à qui ils vouloient ſe faire connoître.

Les Compagnons s'aſſembloient pour recevoir leur ſalaire auprès de l'autre colomne appellée *Booz*, nom qui leur ſervoit auſſi de mot. Ils avoient pour ſigne de mettre la main droite ſur la mamelle gauche, les quatre doigts ſerrés & étendus & le pouce écarté. Leur attouchement ne différoit pas de celui des Apprentifs , excepté qu'il portoit ſur le ſecond doigt & celui des Apprentifs ſur le prémier.

Les Maîtres n'avoient qu'un mot, qui les diſtinguoit de ceux dont je viens de parler. Ce mot étoit *Jehovah* , mais il fut changé après la mort d'Adoniram.

Trois Compagnons , pour uſurper la paye de Maître , réſolurent d'en demander le mot à Adoniram , lors qu'ils pourroient le rencontrer ſeul , ou de l'aſſaſſiner en cas de refus. Pleins de

té deffein ils fe cacherent dans le Temple où ils fçavoient qu'Adoniram alloit
feul le foir faire la ronde. Ils fe pofte-
rent, l'un au Midi, l'autre au Septentrion, le troifiéme à l'Orient. Adoniram entra par la porte de l'Occident,
paffa devant celle du Midi. Un de ces
trois compagnons lui demanda le mot
de Maître, en levant le bâton fur lui.
Adoniram repondit, qu'il n'avoit pas
acquis le mot de Maître par de telles
voies. Auffi-tôt ce Compagnon lui porte
un coup de bâton fur la tête. Adoniram
fe fauve du côté du Septentrion, où il
reçoit du fecond un pareil traitement.
Il tente de s'échaper par la porte de
l'Orient, où le dernier l'affaffine fans mi-
féricorde. Ces trois meurtriers fe réu-
niffent pour l'entèrrer fur une éminence
aux environs du Temple, & plantent
une branche d'Acacia fur la foffe, affin
de pouvoir reconnoître le lieu.

Salomon fept jours après ordonna
à neuf Maîtres de chercher Adoniram.
Ces neuf Maîtres exécuterent fidélement les ordres du Roi, & ayant en-

vain cherché fort long-tems , trois d'entre-eux, un peu fatigués, allerent par hazard se reposer auprès de la sépulture. l'un des trois pour s'asseoir plus aisément prit la branche d'Acacia qu'il arracha. cet incident leur ayant fait apercevoir que la Terre avoit été remuée nouvellement dans cet endroit , ils se mirent à la fouiller jusqu'à ce qu'ils eussent trouvé le cadavre. Alors ils appellerent leurs confrères & reconnoissant tous leur Maître , ils se douterent que le coup partoit de quelques Compagnons, qui avoient voulu forcer Adoniram à leur donner le mot de Maître. Dans la crainte qu'ils ne l'eussent surpris , ils résolurent d'abord de le changer & de prendre la première parole proférée par un d'entre-eux en déterrant le corps mort. Un des assistants le prit par l'index de la main droite, & ce doigt lui resta dans la main. Il le saisit sur le champ par le second, même évenement. Et en le prenant par le poignet qui se sépara du bras, il dit *Makbenah*. Ce mot *factice* signifie , selon les Francs-Maçons, *la chair quitte les os*. Aussi-tôt

ils convinrent que ce feroit là dorefna-
vant le mot de Maître. Ils acheverent
d'exhumer le deffunt, rendirent compte
de l'aventure à Salomon, qui pour hon-
norer la mémoire d'Adoniram, le fit
inhumer en grande pompe dans le
Temple du vrai Dieu, & fit mettre
fur fon Tombeau une Médaille d'or
faite en triangle, où étoit gravé
JEHOVAH.

# CHAPITRE I.

*De l'origine des Francs-Maçons, des Frères en charge & de leurs fonctions, des Ornemens, des noms, des attributs qu'ils portent dans leurs Assemblées, & des Statuts de la Société.*

Quelques-Francs-Maçons font remonter leur Origine jusqu'aux Egyptiens, & long-tems avant le Regne de Salomon. D'autres ne dattent, que du tems des Croisades. Selon ceux-ci des Princes furent leurs fondateurs, sous le nom de *Chevaliers-Maçons-libres*, & dans le dessein de rebâtir le Temple de Jérusalem, à l'exemple de Julien l'Apostat. Pour moi qui crois d'après la Prophetie de J. C. ce Temple détruit pour toujours, je n'aplaudis pas à l'entreprise de ces Réparateurs. Elle manqua

(31)

dans le 4e. Siecle. ( 1 ) je doute que la
focieté des Francs-Maçons la releve.

Je reconnois avec une grande partie
de la Societé, Adoniram Architecte du
Temple de Salomon pour inftituteur des
principaux Myftères de leur Ordre.

Lorfqu'il a paru en France , & c'eft
depuis vingt ans, il n'avoit qu'un Grand-
Maître habitant de la Tamife , & dont

(1) Julien, dit l'apoftat, parce qu'il abandonna la Religion Chrétienne , ayant formé le
deffein de rebâtir le Temple de Jérufalem ,
pour démentir la prophétie de Daniel , &
celle de J C. fit venir de toutes parts les plus
excelens Ouvriers , & donna l'intendance de
ce grand Ouvrage à Alypius fon meilleur
ami. En travaillant aux fondemens , une
pièrre du prémier rang fe déplaça & découvrit l'ouverture d'une caverne creufée dans
le roc. On y defcendit un Ouvrier attaché à
une corde ; & quand Il fut dans la Caverne,
il fentit de l'eau jufques à mi-jambe. Il por-
ta les mains de tous côtés , & fur une colomne qui s'élevoit un peu au-deffus de l'eau , il
trouva un Livre envelopé dans un linge très
fin. Il le prit , & fit figne qu'on le retirât.
Tous ceux qui virent ce Livre fûrent furpris ,
qu'il n'eut point été gâté. Mais l'étonne-
ment fut bien plus grand; particulierement de
la part des Payens & des Juifs; quand l'ayant

toutes les *Loges* du monde dépendoient; mais les Grands-Maîtres a présent sont si prodigieusement multipliés, que les Maîtres particuliers de chaque *Loge* ressortissent, je crois, à un autre Superieur Général. Quoi qu'il en soit, presque tous les Francs - Maçons de Paris reconnoissent le sieur Baur Banquier pour un de ces Superieurs Généraux, qu'on appelle *très vénérables Grands-Maîtres*, & par des Patentes scelées, ils reçoivent de lui le pouvoir d'éxercer l'autorité Maçonne.

Aprés ce Généralissime, marche *le grand Surveillant de toutes les Loges dé*

ouvert, ils y lurent d'abord en grandes Lettres ces paroles. *Au commencement étoit le Verbe. & le Verbe étoit en Dieu :* Et le reste. Car c'étoit l'Evangile de Saint Jean tout entier. Ensuite des glôbes terribles de flammes sortant auprès des fondemens, rendirent le lieu inaccessible, ayant plusieurs fois brûlé les Ouvriers : ainsi cet élément s'obstinant à les repousser, on abandonna l'entreprise. Ce sont les paroles d'Ammian Marcellin Historien Payen du même tems, autant ennemi des Chrétiens, qu'admirateur de Julien. *Hist. Eccle. de M. de Fleury. T. quatriéme, L. quinziéme. pag. 90.*

(33)

*France*, c'eſt, dit-on, le ſieur Péquet Marchand Confiſeur. Outre cela ils ont encore un *Orateur* & un *Secretaire général*.
la prémière de ces deux dernières dignités eſt remplie par le ſieur Fréron.

Chaque *Loge* à ſon Maître delegué.
Il préſide aux Réceptions des Aprentifs,
des Compagnons & des Maîtres. Dans les
deux prémières Réceptions, il prend le
titre de *Vénérable*, & dans la dernière, on
le decore du nom de *très reſpectable*.
Deux eſpeces d'aides de Camp, appellés
*prémier*, & *ſecond Surveillant*, ſont en-
ſuitte les principaux pèrſonnages de l'Aſſemblée. Les autres Officiers ſubaltèr-
nes ſont un *Orateur*, un *Sécretaire*, & un
*Tréſorier*, préſents tous trois aux réceptions, & les deux derniers immobiles, &
muets. Le Sécretaire enrégiſtre cèr-
tains réglemens, écrit les Lettres d'in-
vitations. Il m'en eſt tombée une entre
les mains dont voici la teneur.

*Vous êtes prié M. C. F. de vous trou-
ver demain chez Landel, ruë & Hotel de
Buſſy, pour affaires, qui vous concèrnent.
Vous voudrez bien n'en parler à perſonne,
ni amener avec vôus aucun F. ſous quel-*

*que prétexte que ce soit, a peine de payer fix livres pour chaque F. que vous aurez amené : tels font nos Reglémens. C'eſt de la part de votre très-humble, & très obeiſ- fant ſerviteur, & F. &c.*

*Aportés, s'il vous plait, votre T. Saint Pierre* ( 1 )

Le Tréforier eſt dépofitaire de tout l'argent levé ſur les dupes reçuës dans la *Loge*, paye les frais de la Réception, & du feſtin, qu'il régle à ſon gré, & eſt comptable du reſte à l'Aſſemblée; car la nécéſſité des revenans-bons eſt une des Loix de l'Ordre & un fond de nouvelles orgies entre les Frères, en attendant d'au- tres Poſtulants. je ne parle point ici des fonctions du Grand-Maître, des deux

______

( 1 ) *Saint Pierre* étoit, vrai-ſemblablement le mot du guet de cette aſſemblée. Toutes les fois qu'un *Venerable* tient *Loge*, ordi- nairement il en donne un, tel qu'il juge à propos, ſoit le nom d'un Saint, ou d'une Ville. Outre ce mot ils en ont encore trois autres généraux, qui ne changent jamais, qu'ils appellent mots de paſſe, ſçavoir un pour les Apprentifs, l'autre pour les Com- pagnons, & le troiſiéme pour les Maîtres. *Voyez les Chapitres* 3. 5. & 7.

Surveillants, & de l'Orateur, on les trouvera dans les Cérémonies des trois Réceptions, & dans celle de la Table.

Tous ces Frères en charge, & tous
ceux qui compofent l'Affemblée, portent
des gands, & un Tablier de peau blanche ; c'eft l'uniforme indifpenfable en
*Loge*. Souvent celui du Grand-Maître
eft doublé en plein d'un Taffetas bleu,
& les Surveillants ont le leur bordé tout
au tour d'un Ruban de pareille couleur :
mais dans plufieurs *Loges* ils obmet-
tent cette magnificence, ou par humilité, ou par œconomie. De quelque
état que foient ces Frères, ils font tous
armés d'Epécs.

Les Officiers ne fe diftinguent des
autres, que par differents attributs qu'ils
portent au col, à la boutonnièle, & qui
font repetés avec un petit Ruban, ou
Cordonnet bleu fur le revérs de la bavette de leur Tablier. Le Grand-Maître &
les deux Surveillants portent un Cordon
bleu en colletin, à l'éxemple des Prelats,
ou grands Officiers de l'Ordre du St.
Efprit. Au bas du Cordon du Grand-
Maître pend une Equèrre d'Or, ou cou-

leur d'Or. Au bas de celui du prémier
Surveillant, un Niveau, au bas de celui
du fecond, la Ligne d'aplomb, qu'ils
appellent auffi la Pérpendiculaire ; & ils
ont chacun au côté un petit Maillet paffé
dans la ceinture de leur Tablier. l'Orateur porte une Médaille attachée à un
petit Ruban à la 3ᵉ. ou 4ᵉ. boutonnière,
le Sécretaire deux petites plumes d'Or
en fautoir, & le Tréforier une petite
Clef de même métail attachée comme la
Médaille de l'Orateur. Dans les *Loges*,
où l'on fe pique de magnificence, ces
trois derniers Officiers ont auffi chacun
un Cordon bleu ; & au lieu de porter
les attributs de leur charge à la boutonnière, ils les portent au bas de leur Cordon, à l'éxemple du *Vénérable*, &
des deux Surveillants.

Quatre autres employés ne portent
aucune marque de diftinction, fçavoir
le Frère *terrible*, qui pendant tout le
temps de la Réception tient une Epée
nuë à la main, *pour éprouver*, difent-ils,
*la fermeté du Récipiendaire*, le Frère
chargé d'impofer filence a ceux, qui
pourroient faire trop de bruit dans l'Affemblée,

femblée , le Frère , qui dépouille le Récipiendaire avant de l'y introduire , &
le Frère *Tuileur*, Deffinateur des deux
deffeins tracés fur le plancher , qu'on
appelle auffi la *Loge*. Pour abréger la
Cérémonie , déja trop longue , ils ont
ordinairement une Toile, que l'on étend
par terre , fur laquelle ce Deffein eft
peint ; ainfi l'Office du Frère *Tuileur* eft
fuprimé préfentement dans beaucoup
de *Loges*.

Les Statuts des Francs-Maçons , ou
plûtôt leur Afiche , en font tout le mérite. Ils défendent de parler de Dieu ,
de la Religion , & des affaires d'Etat, de
s'enyvrer , de jurer. Ils interdifent toute
médifence , tous difcours obfcenes &
même équivoques, & commandent une
charité inépuifable entre les Affociés.
Rien de ridicule dans ces Réglemens :
mais rien de fingulier pour en tirer vanité. Quelle focieté dans le monde s'at-
tribuë cette légiflation à l'exclufion des
autres ? Qui peut fe targuer d'en être
l'inventeur ? J'atends avec une curiofité
refpectueufe , qu'on me nomme le prémier Franc-Maçon , qui découvrit aux

huïmains ces vérités naturelles , & éssen-
tielles à l'Ordre de l'Univers, & qu'on
me prouve , que tous ceux , qui ne sont
pas de leur société sont étrangers dans
le monde , & aveuglés pour jamais sur
les prémières notions que l'on reçoit en
naissant , ou que préscrit la Police de
tous les Etats.

# CHAPITRE II.

## *Réception des Aprentifs,*

Quand un Franc-Maçon a tant fait
que d'acquérir un *Profane* à la Societé , il le propose à sa *Loge* , & sur son
attestation , vraye ou non , l'Assemblée
aplaudit à la Réception. Il est bien des
Compagnies où l'on est reçu de même
sans autre titre , que le crédit d'un Pro-
tecteur. Autre-fois ces Réceptions se
faisoient par Scrutin, mais cet usage, qui
les mettoit en risque de refuser des Pos-
tulans bien dotés , s'abolit dans plusieurs
*Loges.* Le suffrage du *proposant* sufit.

C'eſt ainſi qu'ils appellent le Racoleur, qui prend la qualité de *Parain* à la Réception de l'Aſpirant.

On ne reçoit pas pour un, ni pour deux Récipiendaires. Les *Vénérables* aſſés généreux pour n'exiger que trois ou quatre Louïs de chacun, & jaloux d'honorer la Maçonnerie, attendent qu'il s'en préſente un nombre ſuffiſant pour procurer complettement à l'Aſſemblée les délices qu'on doit goûter en *Loge*, a moins que quelque Poſtulant preſſé par la curioſité, n'offre de mettre ſeul la Nappe. Il en eſt d'une *Loge*, comme des Caroſſes Publics de Paris à Verſailles, qu'une pèrſonne ſeule peut faire marcher en payant toutes les Places. Mais le plus, ou le moins de Candidats ne fait rien à la choſe. On n'en reçoit jamais qu'un à la fois.

Cette Cérémonie éxige toujours deux chambres particulières, qu'ils intitulent l'une la *Loge*, Sale conſacrée à la Réception, & l'autre la *Chambre noire*, lieu d'entrepôt & Cabinet de Toilette des Récipiendaires, nommé *Chambre noire*, à cauſe qu'il ne doit y avoir qu'une foi-

ble lumière dans un coin. Le prémier
foin qu'ils ont dans cet appartement eft
d'en boucher toutes les ouvertures, tant
ils redoutent la vuë des *Profanes*. Ils appellent cela *couvrir la Loge*.

La Sale de Réception calfeutrée & le
*Frère terrible* placé à fon pofte ; l'Epée
nuë à la main, on trace, ou on étend fur
le plancher le Deffein proprement dit
la *Loge*, où font marqués les quatre
points Cardinaux. Ce Deffein reprefente
le Soleil & la Lune, les deux Piliers
*JaKhin & Booz*, les fept marches qu'il
faloit monter, difent-ils, pour arriver
au Temple, trois myfterieufes fenêtres
l'une à l'Orient, l'autre au Midy & la
troifieme à l'Occident, avec ce qu'ils
nomment les trois *Ornements* & les fix
*Bijoux* de la *Loge*. Une efpece de Cordon de Veuve qui entoure le haut du
Deffein fous le nom de *Houpe dentellée* ;
une Etoile qui eft au milieu fous celui
*d'Etoile flamboyante*, & du Pavé fait en
lozange appellé le *pavé Mozaïque*,
compofent ces trois *Ornements*. L'E-
quèrre, le Niveau. la Ligne d'aplomb,
autrement dit, la Pèrpendiculaire, une

Plan de la Loge de l'Aprentif-Compagnon.

Planche, & deux Pièrres, l'une nommée Pièrre brute, & l'autre *cubique à pointe* font les fix *Bijoux*. Au deffus de la fenêtre d'Orient, on lit leur devife, *Fidelitas moribus unita.* Au deffous, où ils fuppofent un troifiémé Pilier, *Beauté.* Sur l'une des deux Colomnes réelles, *Force* & un grand *J.* qui veut dire *Jakhin*, & fur l'autre *Sageffe* & un grand *B.* qui veut dire *Booz*, & dans le centre de *l'Etoile Flamboyante* paroit un grand *G.* Le fond de ce bizarre Tableau eft decoré d'un morceau d'Architecture, qui répréfente, felon eux, une des portes du Temple de Salomon, fur le Frontifpice de laquelle on voit, d'un côté, Harpocrate, ( 1 ) & de l'autre la Vérité, ayant un Miroir à la main.

( 1 ) Philofophe Grèc reconnu chez les Egiptiens pour le Dieu du filence, & des Myftères, à caufe qu'il ne parloit guère que pour recommander le filence. Ils le croyoient fils du Soleil & de la Lune. Ils lui offroient les prémices des Légumes, fur-tout des Lentilles, & lui confacrerent le Pêcher, parce que fes feuilles ont la forme d'une Langue & fon fruit celle d'un cœur. On le répréfente ordinairement vêtu d'une longue robe, la

Il y en a qui ajoutent a ce Deſſein une Echelle, mais je ne l'ai point vuë dans aucune des *Loges,* où je me ſuis trouvé : & pluſieurs Francs-Maçons, qui ſont dans le même cas que moi, prétendent que cette Echelle eſt un Schiſme qu'ont introduit parmi eux quelques *Vénérables* fanatiques. Pour moi je n'en crois rien. Pourquoi l'Echelle ne ſeroit-elle pas miſe au nombre des *Ornemens,* ou des *Bijoux* de la *Loge* ? N'eſt elle pas auſſi néceſſaire aux Maçons, que tous les Outils qu'on y répréſente ? D'ailleurs la ſignification allégorique, que lui donnent ceux qui l'admettent, eſt bien digne du merveilleux de leurs Myſtères. Cette Echelle, qu'ils nomment *l'Echelle de Jacob,* n'a que trois échelons, *qui ſignifient, diſent-ils, les trois vèrtus theologales, & ſa diſtance du Ciel à la Terre, ou la diférence d'un Franc-Maçon à un Profane.* Quel prodige ! Après cela peut on croire que les *Vénérables,* qui ſont cette com-

tête couverte du Modius, l'index de la main droite ſur ſa bouche, & tenant de la gauche une corne d'abondance pleine de fruit, parmi leſquels on voit une pomme de pin.

mémoration foient dans l'erreur ? Non, le feul reproche qu'on pourroit leur faire. avec raifon, c'eft de ne pas joindre à l'Echelle, la corde & l'échafaud. Car enfin l'une & l'autre font auffi partie des équipages de la Maçonnerie, & en font par conféquent, des attributs né-ceffaires.

Ce deffein, quand l'éfpace le pèrmet, eft de fept pieds de long, fur cinq de large, entouré de trois grands Cièrges de Cire blanche ou jaune, fur des Chandeliers de bois doré, ou de Cuivre. Dans les *Loges* regulières & bien achalandées, ces Chandeliers, hauts comme des Chandeliers d'Autel, font communement de forme triangulaire & decorés des attributs de la Maçonnerie. Les quatre points Cardinaux marqués fur le Deffein reglent la place des trois Cièrges, du Grand Maitre & des deux furveillants. On met une de ces lumières à l'Orient, l'autre au Midi, & la troifiéme à l'Occident. Le Grand-Maitre fe place à l'Orient, entre la lumière d'Orient & celle du Midi. Il a devant lui une efpece de petit Autel chargé d'un Compas &

duLivre de l'Evangile de S. Jean. (1) Au pied de cet Autel paroît un Tabouret, fur lequel eft une Equèrre. l'Orateur fe met à la gauche du Grand-Maître, & les deux Surveillants font vis-à-vis à l'Occident, aux deux coins du Deffein, le prémier à la droite du fecond. Le Sécretaire & le Tréforier n'ayant point de rang fixe fe tiennent au tour du Deffein pêle-méle avec le refte de l'Affemblée ; mais nul autre que les Surveillants, ne doit être au bas de la Loge. Pendant la Cérémonie tout le Monde eft debout & tête nuë. Le Grand-Maitre doit feul fe couvrir.

L'affemblée & la *Loge* decorée, le *Vénérable* frape avec fon Maillet fur le petit Autel, qui eft devant lui, trois coups dont les deux prémiers affez près l'un de l'autre & le dernier plus eloigné, & dit *à l'Ordre mes Frères*. Le prémier Surveillant frape de même fur le Maillet du fecond, & le fecond en fait autant:

( 1 Plufieurs *Vénérables* par fcrupule, ou je ne fçais par quel fentiment ne profanent point ainfi l'Evangile : à la place ils fe fervent de la Bible.

fur celui du prémier, & ils répetent tous deux, en s'adreffant à l'Affemblée chacun de leur coté, a peu près comme des Choriftes, *à l'Ordre mes Frères.* Alors tous font le figne du Compagnon, qui eft de porter la main droite fur le cœur, ils fe rengent au tour de la *Loge* & obfervent un grand filence. Enfuite le *Vénérable*, dit, *mes Frères, aidez moi à ouvrir la Loge d'Apprentif - Compagnon.* Puis il fait alternativement quelques queftions du Catéchifme des Aprentifs & des Compagnons aux deux Surveillants, après quoi il dit, *mes Frères la Loge d'Aprentif-Compagnon eft ouverte.* Voilà ce qui fe paffe dans la Sale de Réception avant que le Récipiendaire y paroiffe.

Dans l'autre Chambre, appellée la *Chambre noire*, le Parain introduit le poftulant, à qui l'on demande, *s'il perfifte dans le deffein de fe faire recevoir.* Il repond qu'*oui*. On lui fait dire fon nom, furnom & fes qualités. On lui ôte fon Epée, s'il en a une, & tous les métaux qu'il peut avoir fur lui. On lui découvre à nud le genoüil droit. On lui fait mettre fon Soulier gauche en Pantoufle, & on

lui attache un bandeau. ( 1 ) Le Parain
le conduit dans cet équipage à la porte
de la *Loge* , frappe trois coups confor-
mément à ceux que le Grand - Maître
& les Surveillants ont frapés auparavant.
Le fécond Surveillant dit au Grand-Maître , *très Vénérable, on frape à la Loge en
Maçon ,* le Grand - Maître lui répond ,
*Frère donnez-vous la peine de voir qui
eſt ce qui a frapé.* Le fécond Surveillant
fait le figne du Compagnon, avec une
inclination au Grand-Maître , va à la
porte & demande au Parain , *que fou-
haités vous Frère ?* le Parain répond, *c'eſt
un gentil-homme* ( 2 ) *qui défire d'être reçu*

(1) Dans quelques *Loges,* on lui ôte de plus
fon habit, & on lui tire le bras gauche hors
de la manche de fa chemife , ce qui rend
fon ajuftement encore bien plus noble. Cependant cet ufage n'eſt pas commun , & je
ne l'ai vû pratiquer qu'une fois.

(2) Le Récipiendaire, fut-il le plus vil Ro-
turier , eſt toujours annoncé Gentil-homme.
la première démarche que l'on fait pour être
reçu Maçon vaut, parmi eux, deux degrés de
Nobleffe au moins. Cependant les Domefti-
ques n'ont point cet avantage à leur Réception, au lieu de dire *c'eſt un gentil-homme ,* on
dit, *c'eſt un particulier , qui défire d'être reçu
Maçon.*

*Maçon.* Le fecond Surveillant referme la porte, fans les faire entrer, fe remet à fa place, dit au Grand-Maître, *Véné-rable, c'eft un Gentil-homme qui defire d'être reçu Maçon. Allez lui demander*, ordonne le Grand-Maître, *fi c'eft bien fa volonté, fes qualités, fon nom & fur-nom.* Le fecond Surveillant s'acquitte de fa commiffion. Le Récipiendaire ayant s'atisfait aux queftions, l'autre le laiffe en-core déhors, & revient à fa place porter, fa réponfe au Grand-Maître, qui permet de faire entrer. Le fecond Surveillant re-tourne à la porte pour la troifiéme fois, prend le Récipiendaire par la main droite, l'introduit dans l'Affemblée affujetie à un exact filence, (1) lui fait faire trois fois le tour de la *Loge* par le Septentrion, & le

(1) Ils n'obfervent pas ce filence par tout. Dans certaines Log-s, fi-tôt que le Réci-piendaire paroît, le *Vén'rable* & les Surveil-lants font autant de bruit que trois Chaudro-niers, en frappant avec leur Maillet fur les attributs de cuivre qu'ils ont au col, & pour augmenter l'inquiétude, que ce charivari peut caufer au Patient, d'autres Frères lui donnent de tems en tems des Camouflets avec des traînées de poudre, qu'ils lui brûlent fous le

remet à l'Occident, vis-à-vis le Grand Maitre, entre le prémier Surveillant & lui. Arrivés tous deux à bon port de ce pénible & Mysterieux voyage, le second Surveillant passe sa main derrière le Récipiendaire, & frape trois coups sur l'épaule du prémier. Soudain celui-ci lui demande, *que souhaités vous Frère ?* À quoi l'autre réplique, *c'est un gentil-homme qui désire d'être reçu Maçon.* Sur cela le prémier dit à son tour au Grand Maître, *vénérable, c'est un gentil homme qui désire d'être reçu Maçon.* Le Grand-Maître alors demande au Récipiendaire, *est-ce bien votre volonté, M. ouï vénérable,* répond celui-ci, *cela étant,* dit le Grand-Maître au prémier Surveillant, *faites lui voir la lumière,* (2) *& présentés le moi :* aussi-tôt on lui ôte son

nez tant qu'il a les yeux bandés. Mais ces cérémonies ne sont point du Code d'Adoniram, & les *Vénérables* peuvent épargner cette dépense.

( 2 ) Il y a des Loges où le *Vénérable* n'ordonne de faire voir la lumière au Récipiendaire, qu'après qu'il a fait le serment. En ce cas il demeure jusqu'à ce tems les yeux bandés & fait son exèrcice à tâton.

bandeau

bandeau. Le Grand-Maître, & tous les
Frères font le figne de l'Aprentif, & mettent l'épée à la main. Le bandeau du
Récipiendaire levé, le prémier Surveillant lui fait mettre les pieds en Equèrre, c'est-à-dire les deux talons l'un contre l'autre, les pointes en déhors, &
lui montre la marche de l'Aprentif, pour
aller auprès du *Vénérable*. Ainfi le Récipiendaire vient en fept petits pas, du
bas de la prémière marche, au pavé
mofaïque, en feignant de monter chaque marche l'une après l'autre, comme
fi elles étoient de relief. Enfuitte il fait
un demi tour à gauche, & remet fes pieds
en Equèrre, de façon qu'il préfente
l'épaule droite au *Vénérable* : & delà
ainfi tourné, il avance en trois pas égaux
& affemblés auprès du tabouret, qui eft
au pied du petit autel. Le prémier Surveillant, l'ayant accompagné jufques-là,
retourne à fa place : & l'Orateur prononce ce difcours, qu'il adreffe au Récipiendaire.

» Monfieur, l'intrépidité que vous
» avez fait paroître à furmonter & à
» vaincre les obftacles, que vous avez

» rencontrés , dans le voyage mysteri-
» eux, que l'on vous a fait faire dans cet-
» te augufte Loge, l'empreffement que
» vous avez temoigné depuis fi long-
» temps, pour être admis dans une So-
» ciété auffi ancienne que refpectable ,
» nous prouvent invinciblement , que
» vous avez foulé aux pieds les préjugés
» du Profane vulgaire.

» Vous allez contracter avec nous
» un engagement folemnel , qui va
» vous unir par les liens d'une amitié
» tendre & fincère, à un ordre, dans
» lequel les plus grands Roys n'ont
» point dédaigné de fe faire initier.

» C'eft au pied du Tribunal de la
» difcrétion, que vous allez promettre à
» la face du grand Architecte de l'U-
» nivers, de garder inviolablement le
» fecrèt de la Maçonnerie. Confom-
» més ce grand Ouvrage en repetant
» avec attention l'obligation, que notre
» vénérable Maitre va vous faire pro-
» noncer.

Tel eft le difcours circulaire pour
toutes les Affemblées, qui n'ont point
d'Orateurs diftingués. Celles, où cesMef-

fieurs honorent un peu plus leur emploi,
ont l'agrément d'en entendre quelque-
fois de moins mauvais. Mais les harangues les plus recherchées, fi on les met à
la coupelle, n'ont que le même titre &
la même valeur.

Après cet éloquent difcours, le Récipiendaire, par l'ordre du Grand-Maître, met le genouil droit fur le Tabouret, qui eft devant lui, découvre fa mamelle gauche, prend de cette main un
Compas à demi ouvèrt, que le Grand-
Maître lui donne, le tient par le hau, tune
pointe apuyée fur fa mamelle décou-
vèrte, & met la main droite fur l'Evangile. Alors le Grand-Maître pofe fon
épée, par le milieu de la lame, fur la
main droite du Récipiendaire, (1) met
la gauche fur le tout, comme pour l'empêcher de pouvoir retirer la fienne, &
tenant de la droite fon maillet levé vis-
à-vis le compas du Récipiendaire, il

______

(1) Plufieurs *Vénérables* aulieu de pofer
ainfi leur épée fur la main du Récipiendaire,
la lui pofent fur la tête, en la tenant toujours
par la poignée.

lui fait prononçer mot à mot le ferment
qui fuit, fans changer d'artitude.

» Foi de Gentil-homme, je promets
» devant le grand Architecte de l'Uni-
» vers, qui eft Dieu, & devant cette il-
» luftre Affemblée, de ne jamais révé-
» ler les fecrèts des Maçons & de la
» Maçonnerie, tant céux que j'ai pû
» fçavoir avant d'être admis, que ceux
» que je fçais mainténant, & que je fçau-
» rai à l'avenir, qu'en Loge reglée, ou
» à un Frère, après un jufte examen,
» & qu'il m'aura donné des fignes cèr-
» tains de fa qualité de Maçon. Com-
» me auffi de ne les jamais révéler par
» écrit, ou de vive voix, ni tracer, gra-
» ver, peindre, ou manifefter de quel-
» que manière que ce foit, ouvertement,
» ou tacitement. Et en cas d'infraction,
» je confens d'avoir la gorge coupée,
» la langue percée, le cœur arraché,
» les entrailles dechirées, & mon corps
» brûlé & reduit en cendre, pour étre
» jetté au vent fur le bord de la Mèr,
» affin qu'il ne foit plus queftion d'un
» malheureux tel que je ferois, ainfi
» Dieu me foit en aide.

Le serment reçu, ils remettent tous l'épée dans le foureau. Le *Vénérable* ôte le Compas au Récipiendaire, lui ordonne de se lever, de passer à sa droite, & l'embrasse avec ces paroles. *Jusqu'ici je vous ai parlé en Maître, je vais à présent vous traiter en Frère.* Alors il lui met le précieux Tablier de Maçon, lui donne une paire de gands pour lui, & une pour la Dame, qu'il aime le mieux, & lui dit, *nous vous donnons ces gands comme à notre Frère, & en voila une paire pour votre Maçonne la plus fidele. Les femmes croyent que nous sommes leurs ennemis. Vous leur prouverez par-là que nous pensons à elles.* Après avoir fait cette belle & galante commémoration du beau Sexe, il lui donne le mot de l'Aprentif qui est *Jakhin*, lui enseigne la manière de s'en servir, comme il est expliqué dans le Catéchisme, lui en apprend le signe, qui se fait en trois tems, sçavoir en portant la main droite, les quatre doigts étendus, & serrés & le pouce écarté, sur l'épaule gauche, en la retirant sur la même ligne à l'épaule droite, & en la laissant retomber sur la

cuiſſe , lui apprend que ce ſigne , qu'on
nomme *Guttural* , ſert non-ſeulement à
ſe manifeſter entre Frères , mais encore
à leur faire reſſouvenir , qu'ils méritte-
roient d'avoir la gorge coupée , s'ils ré-
véloient les ſecrets de la Maçonnerie.
Enſuite il lui montre l'attouchement , qui
conſiſte , lorſqu'on prend la main d'un
Frère , à lui preſſer , avec le pouce , la
prémière jointure de l'index ; & lui ex-
plique une partie du deſſein allégorique tracé ſur le plancher , explication
contenuë , tant dans ce Chapitre , que
dans le ſuivant , qui renferme le reſte des
Myſtères de l'Aprentif.

# CHAPITRE III.

## Catéchisme des Apprentifs.

**D**Emande. Etes vous Maçon ?
*Réponse.* Mes Frères & Compagnons me reconnoissent pour tel.

*D.* A quoi connoîtrai-je que vous êtes Maçon ?

*R.* A mes signes, mes marques & ma parole.

*D.* Quels sont les signes des Maçons ?

*R.* L'Equèrre, le Niveau, & la perpendiculaire.

*D.* Quelles sont les marques ?

*R.* Certains attouchements réguliers, que l'on se donne entre Frères.

*D.* Donnez-moi le signe de l'Apprentif ? *on fait le signe de l'Apprentif.*

*D.* Donnez - moi l'attouchement ? *on donne l'attouchement.*

*D.* Donnez-moi la parole ?

*R.* Je l'épelerai avec vous. Dites - moi

la prémière lettre, je vous dirai la feconde.

*D.* J.

*R.* A.

*D.* K.

*R.* I.

*D.* N.

*D.* Que veut dire J A K I N ?

*R.* Ma force eft en Dieu : & c'eft le nom d'une des deux colomnes d'airain, placées à la porte du Temple de Salomon, auprès de laquelle s'affembloient les Apprentifs pour prendre l'Ordre.

*D.* Quel eft le mot de paffe des Apprentifs ?

*R.* T U B A L C A I N.

*D.* Que veut dire Tubalcain ?

*R.* C'eft le nom du fils de Lamech, le prémier, qui travailla les Métaux.

*D.* Quel eft le prémier foin d'un Maçon ?

*R.* C'eft de voir fi la Loge eft bien couverte.

*D.* D'où venez - vous ?

R. De la Loge Saint Jean.

D. Quelle recommandation nous apportez-vous ?

R. Bon accueil aux Frères visiteurs.

D. N'aportez-vous rien de plus ?

R. Le Vénérable Maître de la Loge S. Jean vous saluë par trois fois-trois.

D. Que venez-vous faire ici ?

R. Vaincre mes passions, soumetre mes volontés, & faire de nouveaux progrès dans la Maçonnerie.

D. Où avez-vous été reçu Maçon ?

R. Dans une Loge complette & régulièrement assemblée.

D. Combien y a-t'il de sortes de Loges?

R. Trois, sçavoir, la simple, la juste, & la parfaite.

D. Qui compose la Loge simple?

R. Trois, un Vénérable, & deux Surveillants

D. Qui compose la juste ?

R. Cinq, un Vénérable, deux Surveillants, un Maître & un Aprentif-Compagnon.

D. Qui compose la parfaite ?

R. Sept, un Vénérable, deux Surveillants, deux Maîtres, & deux Aprentifs-Compagnons.

*D.* Qui la gouvèrne ?

*R.* Trois, un Vénérable Maître , & deux Surveillants.

*D.* Où étoit placé le Vénérable ?

*R.* A l'Orient.

*D.* Pourquoi ?

*R.* De même que le Soleil se léve à l'Orient pour ouvrir le jour , ainsi le Vénérable s'y place pour ouvrir la Loge , l'éclairer , la gouvèrner , & mettre les Ouvriers à l'œuvre.

*D.* Où étoient placés les Surveillants ?

*R.* A l'Occident.

*D.* Pourquoi ?

*R.* De même que le Soleil se couche à l'Occident pour fèrmer le jour , ainsi les Surveillants s'y placent pour fèrmer la Loge , payer les Ouvriers, & les renvoyer contents.

*D.* Où se tenoient les Apprentifs ?

*R.* Au Septentrion.

*D.* Pourquoi ?

*R.* Pour garder, & renforcer la Loge.

*D.* Pourquoi vous êtes-vous fait recevoir Maçon ?

*R.* Par ce que j'étois dans les ténébres, & que j'ai voulu voir la lumière.

D. Par qui avez-vous été introduit dans
la Loge ?

R. Par un ami, qui m'a remis entre les
mains d'un autre ami, que j'ai reconnu après pour le second Surveillant.

D. Qui vous a éxaminé en Loge ?

R. Un Expert.

D. Dans quel état étiez-vous alors.

R. Ni nud, ni vêtu ; cependant dans
une posture décente, & dépourvu de
tous Métaux.

D. Pourquoi ni nud, ni vêtu ?

R. Parce que la vertu n'a pas besoin d'ornements pour paroître avec éclat.

D. Pourquoi dépouillé de tous Métaux ?

R. C'est que lors qu'on bâtit le Temple
de Salomon, on n'entendit aucun bruit
de Marteau, ou d'autres Outils com-
posés d'aucun métail.

D. Comment a-t'on pû élever un si
vaste & solide édifice sans le secours
d'aucun instrument construit de
Métaux ?

R. C'est qu'Hiram Roi de Tyr envoya
à Salomon les Cédres du Liban tous
taillés & près à poser, & Salomon
en fit faire autant dans les Carrières,

des pièrres dont il avoit besoin pour son Temple.

D. Comment avez-vous été introduit en Loge ?

R. Par trois grands coups.

D. Que signihent ces trois grands coups?

R. Trois paroles de l'Ecriture Sainte. Frapez, on vous ouvrira, parlez, on vous répondra, demandez, on vous donnera.

D. Que vous ont produit ces trois grands coups ?

R. Un second Surveillant.

D. Qu'a-t-il fait de vous ?

R. Il m'a fait faire trois fois le tour de la Loge, par le Septentrion, & m'a remis à l'Occident, entre les mains du prémier Surveillant.

D. Que cherchiez-vous dans cette route?

R. La Lumière.

D. Que vous a fait faire le prémier Surveillant ?

R. Il m'a fait mettre les pieds en Equèrre, m'a fait voyager en Maçon, & m'a présenté au Vénérable Maître.

D. Comment voyagent les Aprentifs ?

R. De l'Occident à l'Orient.

*Demande*

D. Pourquoi ?

R. Pour aller chercher la Lumière.

D. Qu'est-ce que le Vénérable Maître
   a fait de vous ?

R. Avec le désir sincère que j'avois, &
   le consentement de la Loge, il m'a
   reçu Maçon ?

D. Comment vous a-t-il reçu Maçon ?

R. Avec toutes les formalités requises.
   J'étois dépourvû de tous Métaux,
   j'avois le genouil droit nud sur l'E-
   quèrre, le soulier gauche en pantoufle, la main droite sur l'Evangile, &
   de la gauche je tenois un Compas à
   demi ouvert sur la mamelle gauche
   qui étoit nuë.

D. Que faisiez-vous dans cette posture ?

E. Je contractois un engagement de
   garder les secrèts des Maçons, & de
   la Maçonnerie.

D. Quels sont ces secrèts ?

R. Des paroles, des attouchements &
   des signes sans nombre.

D. Qu'avez-vous vû quand vous avez
   entré en Loge ?

R. Rien que l'Esprit humain puisse comprendre.

F

D. Qu'avez-vous vû quand vous avez été reçu Maçon ?

R. Trois grandes Lumières, placées l'une à l'Orient, l'autre à l'Occident, & la troisiéme au Midi.

D. Pourquoi point au Septentrion ?

R. C'est que les rayons du Soleil pénétrent foiblement vèrs cette partie.

D. A quoi servoient ces Lumières ?

R. A éclairer ceux qui venoient à la Loge, ceux qui y travailloient, & ceux qui s'en retournoient.

D. Que signifient ces trois lumières ?

R. Le Soleil, la Lune, & le Maître de la Loge.

D. Où étoit située votre Loge ?

R. Dans la vallée de Josaphat, au pied de la plus haute Montagne.

D. Quelle forme avoit elle ?

R. Un quarré long.

D. Quelle longueur ?

R. De l'Orient, à l'Occident.

D. Quelle profondeur ?

R. De la surface de la Tèrre, au centre.

D. Quelle largeur ?

R. Du Midi, au Septentrion.

D. Quelle hauteur ?

*R.* Des pieds, des toises, & des coudées
    sans nombre.

*D.* Qui la couvroit ?

*R.* Un Dais celeste orné d'étoiles.

*D.* Qui la soutenoit ?

*R.* Trois grands Piliers.

*D.* Comment les nommés vous ?

*R.* Sagesse, force, & beauté.

*D.* Pourquoi les nomme-t'on ainsi ?

*R.* Sagesse pour inventer, force pour
    soutenir, & beauté pour orner.

*D.* Combien y avoit-il de fenêtres ?

*R.* Trois.

*D.* Où étoient-elles situées ?

*R.* L'une à l'Orient, l'autre au Midi, &
    la troisiéme à l'Occident.

*D.* Combien y avoit-il de Bijoux dans
    votre Loge ?

*R.* Six, sçavoir trois mobiles, & trois
    immobiles.

*D.* Quels sont les Bijoux mobiles ?

*R.* l'Equèrre, le Niveau, & la ligne
    d'aplomb.

*D.* Quels sont les immobiles ?

*R.* La planche à tracer, la pièrre brute,
    & la pièrre cubique à pointe.

*D.* Quel est l'usage des bijoux mobiles ?

*R.* L'Equèrre fert à donner la forme, le Niveau à mettre à l'uni, & la ligne d'Aplomb à élever des Perpendiculaires fur leurs bazes.

*D.* Quel eft l'ufage des immobiles ?

*R.* La Planche à tracer fert aux Maîtres pour faire leurs Plans, la Pierre brute fert aux Compagnons pour travailler, & la Pierre cubique à pointe fert aux Apprentifs pour éguifer les Outils.

*D.* A qui étoit dédiée votre Loge ?

*R.* A Saint Jean.

*D.* Pourquoi ?

*R.* C'eft que du tems des guèrres faintes dans la Paleftine, les Chevaliers Maçons fe réunirent aux Chevaliers de Saint Jean de Jérufalem.

*D.* Pourquoi met-on l'épée à la main quand on reçoit un Frère ?

*R.* C'eft pour écarter les Profanes.

*D.* Combien y a-t-il de fortes de Maçons ?

*R.* De deux fortes, fçavoir les Maçons de théorie, & les Maçons de pratique.

*D.* Qu'aprénez - vous étant Maçon de Théorie ?

*R.* Une bonne morale , à épurer nos mœurs, & à nous rendre agréable à tout le monde.

*D.* Qu'eſt-ce qu'un Maçon de pratique ?

*R.* C'eſt l'Ouvrier Tailleur de Pierres , & qui éleve des Perpendiculaires ſur leurs bâzes.

*D.* Quels ſont les devoirs d'un Maçon ?

*R.* De fuir le vice , & de pratiquer la vertu.

*D.* Quelles ſont ſes qualités ?

*R.* Force , Sageſſe, & beauté.

*D.* Comment réunit-il en lui ces trois qualités ?

*R.* Sa force eſt dans l'union avec ſes Fréres , ſa Sageſſe dans ſes mœurs, & ſa beauté dans ſon caractère.

*D.* Quelle heure eſt-il ?

*R.* Douze heures ſonnées.

*D.* Quelle âge avez-vous ?

*R.* Au-deſſous de ſept ans.

*Fin du Catéchiſme des Apprentifs.*

# CHAPITRE IV.

## Réception des Compagnons.

SUivant les Statuts, un Apprentif ne devroit-être reçu Compagnon, que deux ou trois mois après sa Réception d'Apprentif; & le Compagnon ne devroit parvenir à la Maîtrise, que cinq ou six mois après sa Réception de Compagnon. Mais les *Vénérables* de Paris les dispensent des intèrstices, & reçoivent un *Profane*, dans un même jour, Apprentif, Compagnon, & Maître. Licence nécessaires, vû les risques des Assemblées trop fréquemment réïtérées, & souvent troublées par des Ordres Superieurs.

Lorsque la cérémonie de la Réception des Apprentifs est finie, tous les Récipiendaires passent dans l'autre chambre, où ils reprennent leurs Métaux, remettent leur Jarretière & leur Soulier.

La *Loge*, & l'Assemblée decorée, & rangée ainsi qu'à la Réception de l'Ap-

prentif, le *Parain* le préfente avec tous
les Récipiendaires à la porte de la *Loge*,
frape trois coups à la manière accoutu-
mée. Le fecond Surveillant dit au grand-
Maître, *Vénérable on frape à la Loge.*
Le Grand-Maître lui ordonne de voir,
qui eft-ce qui a frappé. Le fecond Surveillant fait le figne du Compagnon avec
une inclination au Grand-Maître, va à
la porte, & demande au Parain, *que fou-*
*haités-vous Frère ?* Le Parain répond, *ce*
*font des Apprentifs-Maçons, qui défirent*
*d'être reçus Compagnons, qui ont fait leur*
*tems & dont le Maître eft fatisfait.* Le
fecond Surveillant ferme la porte, fans
les faire entrer, revient à fa place, dit
au Grand - Maître, *Vénérable, ce font*
*des Apprentifs-Maçons qui défirent d'être*
*reçus Compagnons, qui ont fait leur tems,*
*& dont le Maître eft fatisfait. Cela étant*
*admetés-les*, ordonne le Grand-Maître.
Le fecond Surveillant retourne à la porte, prend par la main le Récipiendaire,
qui doit paffer le prémier, fuivant l'Ordre de leur Réception, & dit aux autres
de fe tenir de la même façon, les introduit ainfi tous à la fois dans l'Affemblée,

leur fait faire de cette manière trois fois
le tour de la *Loge*, par le Septentrion, &
les ramene à l'Occident. Ensuite il sépare la bande des élûs, & on les reçoit
l'un après l'autre. Le second Surveillant
place donc celui qu'il tient, entre le prémier Surveillant, & lui, frape trois petits
coups sur l'épaule de son Confrère, comme il a fait, en pareil cas, à la prémière
Réception. Celui-ci lui demande, *que
souhaitez-vous Frère ?* L'autre lui répond,
*c'est un Apprentif-Maçon, qui désire d'ê-
tre reçu Compagnon, qui a fait son tems,
& dont le Maître est satisfait.* Le prémier dit à son tour au Grand-Maître,
*Vénérable, c'est un Apprentif-Maçon, qui
désire d'être reçu Compagnon, qui a fait
son tems, & dont le Maître est satisfait.
En ce cas*, dit le Vénérable, *faites le
marcher en Compagnon, & présentez-le moi.*
Le prémier Surveillant lui fait mettre les
pieds en Equèrre, & lui aprend la marche de compagnon, qui consiste à venir
du bas de la *Loge* auprès du *Vénérable* en trois grands pas égaux en Zigzag
& assemblés. Sçavoir le prémier vers le
midi, le second du côté du Septentrion

(69)

& le troisiéme à l'Orient. Aprés que le
Récipiendaire a fait cette éspéce de
marche bachique, le *Vénérable* lui dit,
promettez-vous, *sous la même obligation,* de
garder le secret des Compagnons envers
les Apprentifs, comme vous avez promis
de garder celui des Aprentifs envers les
Profanes ? *Oui Vénérable,* répond le
Récipiendaire. Alors il lui fait porter la
main droite sur le cœur, les quatre doigts
étendus & serrés , le pouce écarté ,
de façon qu'elle forme une Equerre , &
lui aprend, que cette attitude est le signe
du Compagnon, que ce signe, qu'on
nomme *Pectoral*, sert à marquer, qu'ils
gardent les sécrets de la Maçonnerie dans
le cœur, & qu'ils mériteroient de l'a-
voir arraché, s'ils violoient leur serment.
En même temps il lui donne le mot ,
qui est *Booz*, & lui enseigne l'attouchement, dont celui de l'Aprentif fait partie ; c'est à dire, en prenant la main d'un
Frère , vous lui pressés, avec le pouce, la
prémière jointure de l'index , puis celle
du doigt suivant , & lors qu'il vous presse
aussi la pareille , vous retournés à la prémière ; s'il revient à la prémière , vous

vous remettés sur la seconde, alternativement sur l'une & sur l'autre, sans jamais
toucher, que les jointures de ces deux
doigts. Après avoir apris au Récipien
daire ces points fondamentaux de la
Doctrine, le *Vénérable* le fait passer à
sa droite, & l'on plie au même manége tous ceux, qui sont entrés avec lui.
La cérémonie du dernier finie, on aché-
ve de leur expliquer, à tous en même
temps, le Dessein appellé la *Loge*, explication qu'on trouvera dans le chapitre suivant, qui renferme le reste des
Myſtères de l'Apprentif-Compagnon.

Tous les Récipiendaires reçus, & lé-
gérement endoctrinés, le Grand-Maître
frape trois coups sur son Autel, & dit,
*à l'Ordre mes Frères*. Les deux Surveillants répetent la même leçon, & tout
le monde reprend sa place, & préte
l'oreille attentivement, la main droite
sur le cœur. Ensuite le *Vénérable* fait al-
tèrnativement aux Surveillants, trois ou
quatre queſtions du Catéchiſme des Apprentifs, & des Compagnons : puis il
fait le signe de ces derniers avec une inclination à toute l'Aſſemblée, & dit, *mes*

*Frères, la Loge d'Apprentif-Compagnon est fermée*, & les Surveillants à l'ordinaire répettent, l'un après l'autre, châcun de leur côté, les mêmes paroles; ce qui signifie, non seulement, que la Cérémonie est achevée, mais encore, qu'ils ne sont plus sujets à la Police de la Maçonnerie. Aussi la bravent - ils souvent en ce moment comme ils bravent celle de l'Etat.

---

# CHAPITRE V.

### *Catéchisme des Compagnons.*

*Demande.* Etes vous Compagnon?
*Réponse.* Oüi je le suis, Vénérable.
D. Pourquoi vous êtes-vous fait Compagnon?
R. Par rapport à la Lettre *G.*
D. Que signifie cette Lettre *G* ?
R. Géométrie, ou cinquième des Sciences.
D. Avez-vous travaillé ?
R. Oüi, Vénérable,

D. Avez-vous été payé ?

R. J'en suis content.

D. Où avez-vous travaillé ?

R. Dans le Temple de Salomon.

D. Par où y êtes-vous entré ?

R. Par la porte de l'Occident.

D. Qu'avez-vous remarqué ?

R. Deux grands Pilliers.

D. De quelle matière étoient-ils ?

R. De Bronze.

D. De quelle hauteur ?

R. De dix-huit coudées.

D. Quelle en étoit la circonférence ?

R. De douze coudées.

D. Et l'épaisseur ?

R. De quatre doigts.

D. Quels étoient leurs Ornements ?

R. Deux chapiteaux décorés de Lys,
ayec des Pommes de Grenades.

D. Combien y en avoit-il ?

R. Cent & plus.

D. Où se tenoient les Compagnons ?

R. Au Midi.

D. Pourquoi ?

R. Pour recevoir l'instruction, & faire
bon acceüil aux Frères visiteurs.

D. Donnez-moi le signe du Compagnon

( en

*on fait le signe du Compagnon.*

D. Donnez - moi l'attouchement.

*on donne l'attouchement.*

D. Donnez-moi la parole ?

R. Je l'épelerai avec vous. Dites moi la prémière lettre, je vous dirai la se-conde.

D. B

R. O

D. O

R. N

D. Que signifie Booz ?

R. La pèrsévérance dans le bien, & c'est le nom de l'autre Pilier placé à la porte du Temple, auprès du quel s'af-sembloient les Compagnons pour re-cevoir leur salaire.

D. Quel est le mot de passe des Com-pagnons ?

R. SCHIBBOLETH.

D. Que veut dire Schibboleth ?

R. C'étoit le mot de passe des Tributs qui étoient en Guèrre avec la Tribut d'Ephraïm. Les Sentinelles postées sur le bord du Jourdain demandoient aux Ephraïmites ce mot, qu'ils ne

pouvoient prononcer comme les autres , alors on les reconnoiſſoit pour
ennemis , & on les précipitoit dans le
fleuve après les avoir tués.

D. Comment voyagent les Apprentifs-
Compagnons ?

R. De l'Occident au Midi , du Midi au
Septentrion , & du Septentrion à l'O-
rient.

D. A quoi ſe réduiſent les principaux
ſignes de la Maçonnerie ?

R. A quatre.

D. Qui ſont-ils ?

R. Le Guttural , le Pectoral , le Manuel,
& le Pedeſtre.

D. A quoi ſert le Guttural ?

R. A donner le ſigne d'Apprentif , & à
nous faire ſouvenir, que nous mérite-
rions d'avoir la gorge coupée, ſi nous
révéllions les ſecrèts de la Maçonnerie.

D. A quoi ſert le pectoral ?

R A donner le ſigne de Compagnon,
& à marquer , que nous gardons les
ſecrèts des Maçons dans le cœur , &
à nous faire ſouvenir, que nous méri-
terions de l'avoir arraché,ſi nous étions

capable de violer notre ſerment.

D. A quoi ſert le manuel ?

R. A donner l'attouchement.

D. A quoi ſert le Pedeſtre ?

R. A marquer un Maçon exact à mettre ſes pieds en Equèrre.

D. Combien avez-vous d'Ornements
dans votre Loge ?

R. Trois.

D. Qui ſont-ils ?

R. Le pavé moſaïque, l'Etoile flamboyante, & la Houpe dentelée.

D. Quel étoit leur uſage ?

R. Le pavé moſaïque pavoit le Temple, l'Etoile flamboyante étoit au
centre, & la Houpe dentelée bor-
noit les extremités.

D. Avez-vous vû votre Maître aujour-
d'hui ?

R Oüi Vénérable.

D. Comment étoit-il habillé ?

R. d'Or, & d'Azur.

D. Pendant quel tems le ſervez-vous ?

R. Depuis le Lundi matin juſqu'au Samedi au ſoir.

D. Comment le ſervez-vous ?

R. Avec zéle, ferveur, & libèrté.

*D.* Quel est le nom d'un Maçon ?
*R.* Gabanon.
*D.* Et celui d'un fils de Maçon ?
*R.* Luston.
*D.* Quel Privilége a-t-il en Loge ?
*R.* D'être reçu avant tous les Princes, Seigneurs, & autres.
*D.* Que doit observer un Maçon ?
*R.* Quatre choses : le silence, le secret, la prudence, & la charité envers ses Frères.
*D.* Que doit-il fuir ?
*R.* La médisance, la calomnie, & l'intempérance.
*D.* Quel âge avez-vous ?
*R.* Sept ans.

*Fin du Catéchisme des Compagnons.*

# CHAPITRE VI.

## *Réception du Maître.*

LA *Loge* d'Apprentif - Compagnon fermée, on fait encore fortir tous les Récipiendaires de la Sale de Réception, & le Frère *Tuileur*, en leur abfence, trace, ou étend fur le plancher la *Loge* du Maître. Ce Tableau, auffi grand, & auffi large, que celui des Apprentifs-Compagnons, réprefente un cercüeil entouré de larmes, fur lequel eft défliné une branche d'Acacia. Au deffus, dans un triangle, eft écrit, en caractères hébraïques, JEHOVAH, l'ancien mot de Maître, (1) le nouveau eft quelque-fois défigné en abregé par une grande M. & un grand B. tracés à châ-

______

(1) L'Hebreux n'étant pas apparemmen une Langue familière à tous les Maçons, plufieurs fe contentent de mettre ce mot en Lettres Italiques.

que côté du Cèrcüeil, le tout ſurmon-
té d'une tête de mort, avec deux os en
ſautoir , & une Equèrre au deſſous. A
l'autre bout, on voit un Compas à demi
ouvèrt. Les quatre points Cardinaux ſont
auſſi marqués ſur ce deſſein. On y place neuf grands Cièrges ; trois à l'Orient,
trois au Midi, & trois à l'Occident. Mais,
ce luminaire eſt réformé par la plus
grande partie des *Vénérables* de Paris.
Les *Logés* de Maîtres n'y ſont pas mieux
éclairées , que celles des Apprentifs-
Compagnons ; on ſe paſſe communément à trois Cièrges placés de même ,
ou raſſemblés l'un contre l'autre à la
gauche du grand Maître. Cependant il
eſt plus régulier d'y en poſer neuf, puiſ-
que ces Lumières, ſelon eux , font la
figure des neuf Maîtres employés par
Salomon à la recherche d'Adoniram. (1)

Parmi les Frères aſſemblés autour du
deſſein il y en à trois, l'un poſté au Midi,

____

(1) Dans les Aſſemblées, où l'on s'éforce le
plus de ſurprendre le Récipiendaire, ces trois,
ou neuf Cièrges, ne ſont point allumés, quand
il entre dans la Loge. Elle n'eſt éclairée, que par
une ſeule Lampe renfermée ſouvent dans une

l'autre au Septentrion, & le troisiéme à
l'Occident, qui tiennent châcun un rouleau de papier caché sous leur Justau-
corps. On remarquera, par la suite, que
ces trois Acteurs ré, resentent les trois
assassins d'Adoniram. Le Grand-Maître s'appelle, *très-Respectable*, & les deux
Surveillans, *Vénérables*. Voilà toute la
difference de la *Loge* du Maître, à celle
de l'Apprentif-Compagnon. Au reste
on n'y voit rien de nouveau, que la cérémonie. l'Assemblée y est rangée, &
decorée comme aux deux autres Réceptions. Le Frère *terrible*, toujours
armé du glaive, fait sa sentinelle ordinaire à la porte en dedans de la *Loge*.

Les Récipiendaires n'entrent dans la
*Loge*, que l'un après l'autre : & ils ne vo-
yent point la cérémonie de la Récep-

tête de mort placée, pour l'ordinaire, au pied
du petit Autel: & pour rendre ce spectacle encore plus digne de son attention, un des
assistants, le dernier reçu de la *Loge*, est couché sur la forme du Cèrcüeil, le visage cou-
vert d'un linge teint de sang, son Tablier
relevé sur l'estomach, sous lequel il a sa main
droite posée en signe de Compagnon, & il
reste ainsi sans remuer, jusqu'à nouvel Ordre.

tion, qu'ils n'y ayent paſſé eux-mêmes.
Il n'eſt pas de celle-ci comme de celle
des Compagnons. Sans cette précaution, je crois qu'ils n'enroleroient pas
tant d'honnêtes gens dans leur confrairie.
Si un homme raiſonnable, inſenſible à
l'interêt, & à la bonne chère, voyoit la
Réception de quelqu'un ; avant que d'ê-
tre reçu, voudroit il, à ſon tour, joüer
le rôle de Récipiendaire?

Celui-ci, de même que le Compagnon, eſt habillé comme bon lui ſem-
ble, à l'exception du Chapeau & de l'E-
pée, il n'a pour décoration extraordinaire que le Tablier de Maçon, qu'il porte en Compagnon, quand toute l'Aſſemblée le porte en Maître, ne pou-
vant être compoſée que de Maîtres. Voici
la diférence de l'un à l'autre, le Compagnon attache à l'habit la bavette du
Tablier, & le Maître la laiſſe tomber
ſur le Tablier.

La *Loge* prête à recevoir le Récipiendaire, le Grand-Maître frappe trois
fois trois coups ſur ſon Autel, & dit,
*à l'Ordre mes Frères* Comme cette pul-
ſation fait partie du Myſtère, il eſt à

Plan de la Loge du Maitre.

propos d'obſerver , que ces trois fois
trois coups , ne font pas neuf coups frapés de ſuite , à diſtance égale, mais trois
coups frappés ainſi , que je l'ai déja expliqué dans le *Chapitre deuxiéme pag. 44,*
que l'on repete trois fois, & qui font à l'o-
reille, pour les diſtances , l'effet que font
aux yeux ces neuf points .. . l .. . l
.. . l . Enſuite le prémier Surveillant
frappe neuf pareils coups ſur le pom-
meau de ſon épée, ou ſur le Maillet du ſecond, & répete, *à l'Ordre mes Frères.* Le
ſecond, à l'ordinaire, eſt le ſinge du prémier , puis le Grand - Maître dit , *mes*
*Frères , aidez moi à ouvrir la Loge de*
*Maître.* Soudain ils font unanimement
le ſigne du Maître , qui eſt de lever la
main droite au deſſus de la tête , le revèrs
tourné du côté du front , les quatre
doigts étendus,& ſerrés , le pouce écarté , de le porter ainſi dans le creux
de l'eſtomach , & ils ſe tiennent tous
dans la dernière attitude de ce ſigne ,
pendant que le Grand-Maître fait alternativement quelques queſtions du Catéchiſme qui ſuit , aux Surveillans , &
juſqu'à ce qu'il ait dit, *mes Frères la*

*Loge de Maître eſt ouverte.* Alors châ-cun ſe remet dans la ſituation naturel-le qu'il veut : & le *Parain,* qui eſt avec le Récipiendaire en dehors de la *Loge,* frappe en Maçon à la porte, trois fois trois coups. Le ſecond Surveillant dit au Grand-Maître, *très-reſpectable, on fra-pe à la Loge.* Le Grand-Maître lui ré-pond , *Frère donnez - vous la peine de voir. qui eſt-ce qui a frappé.* Le ſecond Surveillant fait une profonde inclination au Grand-Maître, va ouvrir la porte, & demande au Parain, *que ſouhaitez-vous Frère ?* Celui-ci répond , *Vénérable, c'eſt un Apprentif-Compagnon, qui à fait ſon tems, & dont le Maître eſt ſatisfait, qui demande a parvenir à la Maîtriſe.* Le ſe-cond Surveillant ferme la porte, ſans faire entrer, ſe remet à ſa place, & dit au Grand-Maître, *très-reſpectable, c'eſt un Apprentif-Compagnon , qui a fait ſon tems, & dont le Maître eſt ſatisfait, qui demande à parvenir à la Maîtriſe. Cela étant,* reprend le Grand-Maître, *vous pouvez l'admettre.* Le ſecond Surveillant tire l'épée, retourne à la porte, l'ouvre bruſquement , & préſente de la main

(83)

gauche, la pointe de fon épée au Récipiendaire, avec injonction de la prendre de la main droite, de la pofer fur
fa mamelle gauche, & de la tenir ainfi
jufqu'à nouvel ordre. Enfuite il lui prend
l'autre main, l'introduit dans la *Loge*, lui
fait faire neuf fois le tour du deffein,
par le Septentrion, fans changer d'attitude, à la réferve, que châque fois
qu'ils paffent devant le Grand-Maître,
le Récipiendaire quitte la pointe de l'é-
pée, & la main de fon conducteur,
fait en s'inclinant le figne de Compagnon, & le fecond Surveillant, celui de
Maître. Après quoi nos Voyageurs fe
remettent dans leur prémière pofture, &
continuënt leur route en faifant toujours
la mème cérémonie à châque tour. Comme cette marche ne conduit pas direc-
tement au but, qui eft la Table, elle
s'abrége ordinairement par tout, & fe
réduit à trois tours, mais en ce cas, on
avèrtit le Récipiendaire, qu'on lui donne difpenfe de fix, & qu'à toute rigueur
il feroit obligé d'en faire neuf.

Dès que le Récipiendaire paroît dans
l'Affémblée, le Grand-Maître & tous

les Frères, tirent l'épée , la tiennent de
la main gauche, la pointe haute , la lame
paffée entre les deux prémiers doigts
de la main droite, le dedans de cette main
appuyé fur la coquille , le pouce écarté , regardant le creux de l'eftomach ,
comme faifant le figne de Maître , &
ils demeurent dans cette attitude, jufqu'à
ce que la promenade du Récipiendaire
foit finie. (1) Son dernier tour achevé ,
& après qu'il a fait le figne de Compagnon , avec une inclination au Grand-
Maître ,.tout le monde remet fon épée
dans le foureau. (2) Le fecond Surveillant paffe fa main derrière le Récipien-

(1) Dans les *Loges*, où la Lampe Sépulchrale
& le fimulachre font d'ufage , aulieu de tirer
l'épée , le Grand-Maître , & tous les affiftans,
commepouroient faire gens pénétrés de la plus
vive douleur , ont la tête panchée fur la poitrine , le front appuyé fur le revers des deux
mains jointes , les doigts entrelaffés , & ils
reftent dans cette pofture, autant de tems ,
que les autres ont l'épée à la main.

( 2 ) Ceux qui contrefont les défefpérés ,
alors reprennent une attitude naturelle , les
Surveillants font faire volteface au Patient ,
de manière, qu'il tourne le dos à toute l'Af-
daire ,

daire, frape trois fois trois coups sur l'é-
paule du premier, celui-ci lui demande,
*que souhaitez-vous Vénérable?* L'autre
répond, *Vénérable, c'est un Apprentif-
Compagnon, qui a fait son tems, & dont
le Maître est satisfait, qui désire de parvenir à la Maîtrise.* Le premier fait une
inclination au grand Maître, & dit, *tres-
respectable, c'est un Apprentif-Compagnon qui a fait son tems, & dont le Maître est satisfait, qui désire de parvenir
à la Maîtrise. Faites le marcher en Maître, & présentez-le moi,* ordonne le tres-
respectable. Le premier Surveillant fait
faire au Récipiendaire avec les pieds,
ce qu'ils appellent la double Equerre,
qui est de mettre les deux talons l'un
contre l'autre, & les pointes en dehors
vis-à-vis des deux bouts de l'Equerre
tracée sur le dessein, puis il lui enseigne

semblée. Le grand Maître s'approche du Si-
mulachre couché sur le cercueil, le releve
avec la même cérémonie, qu'il observe en relevant les Récipiendaires, & revient prendre sa place, derrière le petit autel. Après
quoi les Surveillants font retourner le candi-
dat, comme il étoit auparavant.

H

la marche de Maître, pour aller auprès du *très-respectable*. Muni de cette leçon, le Récipiendaire vient de l'Equèrre au Compas en trois grandes enjambées faites un peu en triangle. Cette marche ne difère de celle du Compagnon, que dans les deux prémiers pas. Dabord il porte le pied droit vèrs le Midi, en levant le gauche, le gauche du côté du Septentrion en levant le droit, & le droit fuivi du gauche aux deux pointes du Compas, & affemble les deux talons pour former encore une double Equèrre avec le compas. A châque enjambée qu'il fait, les trois Frères, dont j'ai déja parlé, qui tiennent un rouleau de papier, lui en affenent châcun un coup fur les épaules. Le Récipiendaire paffé par ces baguettes, arrivé au Compas, le Grand-Maître, vis-à-vis duquel il fe trouve, lui demande, en tenant fon petit Maillet lévé, *promettèz-vous fous la même obligation, que vous avez contractee à votre prémière reception, de garder le fecrèt des Maîtres envèrs les Apprentifs-Compagnons comme vous avez promis de garder celui des*

*Apprentifs-Compagnons envers les Profa-*
*nes ? Oüi très-respectable ,* répond le Récipiendaire. *Vous sentez-vous assez de for-*
ce, continue le Grand-Maître , *pour sou-*
*tenir les trois terribles coups , que je vais*
*vous porter en mémoire d'Adoniram, notre*
*très-respectable Maître ?* A cette question , on voit quelque-fois des Récipiendaires assés bons pour demeurer intèr-
dits , & ne répondre , *oüi* , qu'en tremblant. Quoi qu'il en soit , si-tôt qu'il a
lâché le mot , le Grand-Maître lui donne cet avertissement. *Nous allons donc*
*vous traiter , comme les trois Compagnons*
*traiterent notre très - respectable Maître*
*Adoniram.* En achevant ces paroles , il
feint de lui donner trois grands coups
de son Maillet sur le front , comme pour
l'assommer , & dit, au prémier mouvement qu'il fait , *du prémier coup ils le*
*fraperent ,* au deuxiéme, *du second ils l'é-*
*tourdirent,* au dernier, *du troisiéme ils l'af-*
*sommerent.* A cette dernière feinte deux
Frères, acolistes du Récipiendaire, le sai-
sissent , & le jettent en arrière tout étendu sur la forme du cercüeil tracé sur le
plancher , lui relevent son Tablier sur

H ij

l'estomach , sous lequel ils lui font-poser
sa main droite en signe de Compagnon ,
& la gauche le long de sa cuisse. (1)

Un autre coup de Théâtre succéde à
celui-là : tous les assistants tirent encore
l'épée , la tiennent de la main gauche &
présentent la pointe au corps du Récipiendaire. Après l'avoir ainsi tenu un instant en respect , tout le monde, excépté
le Frère *terrible* , remet l'épée dans le
foureau , & le Grand-Maître quitte sa
place , & s'approche gravement du cercüeil pour relever le Récipiendaire , il
passe le pied droit entre ses deux jambes,

(1) Après avoir relévé le Tablier du Patient,
pour l'ordinaire , on lui couvre le visage d'un
linge teint de sang. Cependant j'ai vu quelques fois suprimer cette admirable voile. Mais
cette obmission à ce que m'a dit un très-grand
Docteur en Maçonnerie , est un abus , capable d'afoiblir le caractère, qu'impriment les
cérémonies de la Réception. Cela me paroît
vrai-semblable, car j'ai remarqué, que la plupart des faux Frères de ma connoissance ,
ont été reçu à visage decouvèrt. Quoiqu'il en
foit je ne me suis point apèrçu , que cet abus
se fut jamais glissé parmi ceux , qui admettent
le Simulacre , & la triste Lampe , dont j'ai
déja parlé dans mes nottes précédantes. Ainsi

le prend par l'index de la main droite,
le pouce appuyé sur la prémière & grosse
jointure, feint de faire un effort comme
pour le relever, & le laissant échaper
volontairement en glissant les doigts il
dit *Jakhin*, *M*. Puis-il le prend de la
même façon par le second doigt,& en le
laissant échaper ainsi que la prémière fois,
il pronnonce *Boos*, *B*. Ensuite il le prend
par la main, lui appuye les quatre doigts
écartés à demi pliés en forme de ferre fur
la jointure du poignet au-dessus de la
paume de la main, son pouce passé entre le pouce, & l'index du Récipiendaire.
C'est ce qu'ils appellent l'attouchement
de Maître. Se tenant ainsi tous deux la
main extrêmement ferrée, le Grand-

lors que le Récipiendaire à la face couvèrte,
ceux-ci supriment la Lampe en question, &
alument les trois, ou neuf Cièrges rangés autour du Deffein. Plusieurs ajoutent à ce luminaire de fondation, grand nombre d'autres
lumières distribuées autour de la Chambre de
Réception, dans des Chandeliers ordinaires
& dans des Lustres, & ils observent, autant
qu'il est possible, que ces lumières de subré-
cot foient aussi rangées en triangles, & par
trois, cinq, sept, & neuf.

H iij

Maître lui commande de retirer sa jambe droite vers le corps, & de la plier de façon, que le genoüil soit, autant qu'il est possible, en-ligne perpendiculaire avec le pied, qui doit porter à plat sur le plancher, & que leurs deux genoüils droits se touchent en dedans. Par le secours d'une nouvelle instruction, le Récipiendaire fait en cet état un mouvement comme pour se relever, & en-même-tems, passe la main gauche pardessus le col du Grand-Maître. Celui-ci qui fait la même manœuvre, à l'égard du Récipiendaire, le releve à l'instant, en prononçant *Makbénak*, le nouveau mot de Maître. [1] La cérémonie finit par trois baisers, qu'ils se donnent avant de se lâcher. Puis le *très-respectable* retourne à sa place, & range le Récipiendaire

[1] Plusieurs Maîtres de *Loges* relevent le Récipiendaire, sans rien dire, & ne lui apprennent le mot de Maître, que lors de l'instruction générale, qu'ils font pour tous les Néophites, après la Réception du dernier : mais dans ce cas, ou dans l'autre, dès qu'il est debout, on lui ôte toujours le voile ensanglanté.

à sa droite , après lui avoir abatu la bavette de son Tablier.

On recommence le même manége,
autant de fois qu'il y a d'Aspirants , excépté, qu'on ne fait plus l'Ouverture de
la *Loge*. Le Grand - Maître ayant donné au dernier *l'acollade* ,( c'est ainsi qu'ils
appellent l'embraffade dont je viens de
parler ) raffemble tous les Adeptes autour du Deffein , leur aprend en mémoire de qui on les a si bien traittés , &
leur donne une légère idée des principaux Myftères , & des obligations ef-
fentielles de la Maîtrife, avec une explication du lugubre Deffein tracé fur le
plancher. Explication qui ne roule ,
que fur l'Hiftoire d'Adoniram , fur les
Myftères de ce Chapitre , & du Catéchifme fuivant. Cette leçon finie , &
après s'être tous donnés *l'acollade* , le
Grand-Maître , & les deux Surveillants,
ferment la *Loge* ; c'est-à-dire , qu'ils re-
petent la même cérémonie , qu'ils ont
faite pour l'ouvrir , excepté que pour la
clôture , ils difent , *la Loge de Maître
est fermée*.

Les Francs - Maçons parvenus à ce

dernier grade, ont donc trois mots, trois signes, & trois attouchemens inftitués de fondation pour fe reconnoître, fçavoir ceux d'Aprentif, de Compagnon, & de Maître. Mais outre cela, ils ont des fignes arbitraires à l'infini. Tout ce qui eft relatif à la Maçonnerie, à l'Hiftoire d'Adoniram, aux cérémonies des trois Réceptions, & à celle du Feftin, font autant de fignes par lefquels ils peuvent fe caractérifer. Par exemple, quand un Maçon, dans une compagnie, foubçonne, qu'il y a quelque Frère, il formera, fans affectation, avec tout ce qu'il aura fous la main, quelqu'inftrument de Maçonnerie, comme Equèrre, Niveau, Aplomb, ou Compas &c. Ou badinera fur les nombres 3. 5. 7. & 9. Ou frapera trois petits coups, avec fes doigts feulement, fur celui qu'il croit Frère, en obfervant toujours, à l'imitation de ceux qu'on frape en *Loge*, qu'il y ait une plus grande diftance entre le fecond, & le troifiéme coup, qu'entre le prémier, & le fecond. Si celui auquel il s'adreffe eft effectivement Franc-Maçon, fans parler, ni trop fe livrer, il fe manifeftera

d'abord à lui par des signes équivalans,
soit en prenant une prise de Tabac en
trois tems, relativement aux trois petits
coups, qu'il aura reçus, ou en formant
quelques triangles &c. A ces indicati-
ons de leur qualité, ils ajoutent les signes,
les mots, & les attouchements institués
de fondation, & terminent le tout par
*l'acollade*, qui est de s'embrasser, en se
donnant l'attouchement de Maitre, comme le *très-respectable* embrasse le Récipiendaire, lorsqu'il le releve de dessus le
cercüeil. Ils se prennent donc par la
main droite, ils avancent & approchent
leur pied droit l'un contre l'autre, de
manière que les deux genoüils se touchent en dedans, puis ils se passent réciproquement la main gauche par dessus
le col, & se baisent trois fois. Ma s ils
ne se donnent ces dernières preuves de
fraternité qu'autant qu'ils croyent ne
pouvoir être vû, ni entendu d'aucune personne étrangère. Au reste s'ils étoient
surpris dans ce moment par quelqu'un
de suspect, celui qui s'en apèrcevroit le
premier, diroit à l'autre, *il pleut*. Ces
deux mots signifient, qu'ils ne peuvent

plus parler de Maçonnerie, ni en pratiquer aucuns signes, sans se commettre.

---

# CHAPITRE VII.

## *Catéchisme des Maîtres.*

D Emande. Etes-vous Maître ?
*Réponse.* Examinez-moi, puis approuvez-moi, ou me désaprouvez si vous pouvez. *Au lieu de cette réponse on dit, si l'on veut ces trois mots.* l'Acacia m'est connu.

D. Où avez-vous été reçu Maître ?

R. Dans une Loge de Maître juste & parfaite.

D. Combien faut-il être pour composer une telle Loge ?

R. Sept, sçavoir, un très - respectable Maître, deux Vénérables Surveillants, deux Maîtres, & deux Apprentifs-Compagnons.

D. Comment avez vous passé à la Maîtrise ?

*R.* De l'Equèrre au Compas.

*D.* Sans doute que vous étiez reçu Apprentif & Compagnon ?

*R.* J A K I N & Booz me font connus.

*D.* Et la regle de trois vous eſt-elle auſſi connuë ?

*R.* Je l'entends, & la clef de toutes les Loges eſt à mon commandement.

*D.* Qu'avez-vous vû en entrant dans la Loge ?

*R.* Triſteſſe, & lumière.

*D* Si l'un de vos Frères étoit perdu, où le trouveriez-vous ?

*R.* Entre l'Equèrre & le Compas.

*D.* Comment voyagent les Maîtres ?

*R.* De l'Orient à l'Occident.

*D.* Pourquoi ?

*R.* Pour aller répandre la Lumière.

*D.* Avez-vous reçu des gages ?

*R.* Oüi, très - Reſpectable.

*D.* Où les avez - vous reçus ?

*R.* Dans la Chambre du milieu.

*D.* Par où y êtes-vous parvenu ?

*R.* Par un eſcalier fait en forme de vis, qui ſe monte par trois, cinq, & ſept.

*D.* Pourquoi ?

*R.* C'eſt que trois Maçons gouvernent

une Loge, cinq la forment, sept la
rendent juste & parfaite.

D. Qui s'est opposé à votre entrée dans
la Chambre du milieu ?

R. Un prémier Surveillant.

D. Qu'a-t-il exigé de vous ?

R. Un ligne, une parole, & un attouchement.

D. Quand vous fûtes dans la Chambre
du milieu, que vîtes-vous ?

R. Une grande Lumière, dans laquelle
je crûs appercevoir la lettre G.

D. Que signifie la lettre G ?

R. G o T, ou plus grand que vous, très-
respectable.

D. Qui peut être plus grand que moi,
qui suis Maçon libre, & Maître d'une
Loge aussi bien composée ?

R. Elle signifie le nom de Dieu en Hébreu.

D. Donnez-moi le point parfait de votre entrée ?

R. Donnez-moi le prémier, je vous donnerai le second.

D. Je garde ?

R. Je cache.

D. Que cachez-vous ?

Réponse.

*R.* Le secrèt des Maçons & de la Maçonnerie.

*D.* Où gardez-vous ce secrèt ?

*R.* Dans le cœur.

*D.* Y a-t-il une clef pour y entrer ?

*R.* Oui, très respectable.

*D.* Où gardez-vous cette clef ?

*R.* Dans une Boëte de Corail, en forme d'Arche, qui ne s'ouvre, & ne
se ferme qu'avec d'autres clefs d'y-
voire.

*D.* De quel métail est celle du cœur ?

*R.* D'aucun, c'est une langue accoutu-
mée aux bons raports, qui ne sçait
dire que du bien en l'absence, comme en la présence, de ceux dont elle
parle.

*D* Que venez-vous faire ici ?

*R* Chercher ce qui étoit perdu.

*D.* Qu'est-ce qui étoit perdu ?

*R.* La parole du Maître.

*D.* Comment fut-elle perduë ?

*R.* Par trois grands coups, & par la mort
d'Adoniram.

*D.* Comment nôtre très - Respectable
Maitre Adoniram fut-il assassiné ?

I

*R.* Par trois Compagnons, qui comploterent de lui arracher le mot de Maître, ou la vie.

*D.* Comment rèconnut-on l'endroit, où ces Scélerats l'enterrent après l'avoir affaffiné ?

*R.* Par une branche d'Acacia, qu'ils mirent eux - mêmes fur fon Tombeau.

*D.* Comment la parole du Maître fut-elle recouvrée ?

*R.* Les neuf Maîtres employés à la recherche d'Adoniram convinrent enfemble, dans la crainte que le mot de Maître n'eut tranfpiré, que la prémière parole, qu'ils profereroient en l'exhumant, feroit à l'avenir le mot du Maître.

*D.* Donnez-moi le figne de Maître. *On fait le figne de Maître.*

*D.* Donnez - moi l'attouchement. *On donne l'attouchement.*

*D.* Donnez-moi la parole à l'oreille ?

*R.* Je l'épelerai avec vous. Dites - moi la prémière lettre, je vous dirai la feconde.

D. M.

R. A.

D. K.

R. B.

D. E.

R. N.

D. A.

R. K.

D. Quel eſt le mot de paſſe des Maîtres ?

R. Giblos.

D. Que fit-on du corps de notre très-reſpectable Maître Adoniram ?

R. Salomon, pour récompenſer ſon zéle, & ſes talens, le fit inhumer dans le Sanctuaire du Temple.

D. Que fit-il mettre ſur ſon Tombeau ?

R. Une Médaille d'Or, faite en triangle, où étoit gravé, Jehovah, l'ancien mot de Maître, qui eſt le nom de Dieu en Hébreu.

D. Avez-vous travaillé ?

R. Oüi, Vénérable.

D. Où avez-vous travaillé ?

[100]

R. Dans la Chambre du milieu.

D. Avec quoi travaillez-vous ?

R. Avec de la craye, du Charbon, &
une tèrrine.

D. Que signifie la Craye ?

R. Zéle.

D. Que signifie le Charbon ?

R. Ferveur.

D. Que signifie la Tèrrine ?

R. Constance.

D. Quel âge avez - vous ?

R. Sept ans & plus.

*Fin du Catéchisme des Maîtres.*

# CHAPITRE VIII.

*Cérémonie des Festins, & Peines
pour fautes commises.*

LA plupart des Assemblées de Francs-
Maçons se tiennent chez des Traiteurs, ou Marchands de Vin. Quelque-
fois la Réception se fait en maison Bour-
geoise, & le repas au Cabaret, & le
Cabaret preferé est celui dont l'Hôte, &
les Valets sont initiés dans l'Ordre, ce
qu'ils croient un abri contre la Police.

La Sale du festin est bien ou mal décorée suivant les facultés de l'Hôte.
Nulle singularité, sinon, les volets, ou
les Rideaux fermés en plein jour, comme dans la Chambre de Réception. La
Table est souvent en fer à Cheval, surtout dans les *Loges* les plus merveil-
leuses. On y supose aussi les quatre points
Cardinaux, sçavoir, l'Orient à la place
d'honneur, le Septentrion à sa droite,

le Midi à fa gauche, & l'Occident aux deux bouts de la Table.

Le *Vénérable* fe place à l'Orient, les Récipiendaires, & l'Orateur à côté de lui, à droite, & à gauche, les deux Surveillants à l'Occident à châque bout du Fer à Cheval, les Maîtres & les Compagnons au Midi, & les Apprentifs au Septentrion. Perfonne n'a de Tablier : le *Vénérable* & les deux Surveillans, arborent feulement les cordons bleus, & les attributs, qu'ils portent aux cérémonies des trois Réceptions, quand ils ne craignent point d'irruption de Commiffaire. Tous ceux qui les fervent, & qu'on appelle *Frères Servans*, font initiés dans leurs Myftères, Laquais, & Garçons de Taverne.

Les Lumières font toujours rangées fingulièrement, tantôt trois, l'une contre l'autre, en triangle, à la droite du *Vénérable*, trois à fa gauche, fur la même ligne, & trois au bout d'un des côtés de la Table, où l'on fupofe le Midi, & l'Occident : d'autres en mettent trois, féparées les unes des autres, au haut du Fer à Cheval, & trois de châque côté. On peut les diſpoſer encore autrement, ſi l'on veut, pourvû qu'elles forment toujours des triangles, ou des Equèrres, & qu'elles ſoient raſſemblées par trois, cinq, ſept, ou neuf, c'eſt tout ce qu'il faut obſèrver. La diſpoſition de ces Lumières, & des ſervices, ne roule, que ſur ces figures, & ces nombres, à l'inſtar des autres Myſtères de l'Ordre. On ſert à trois, ou cinq, ou ſept, ou neuf ſervices, compoſés auſſi des mêmes quantités de plats. Les *Frères Servans* ſont diſpenſés de vèrſer à bóire, châcun a ſa bouteille, & ſon vèrre devant ſoi.

On n'ouvre ordinairement là *Loge* qu'à l'entre-mets, ou au fruit. Ainſi on n'eſt point aſſujetti aux Statuts, dans le commencement du Feſtin : & ſouvent pendant cette tréve,

*On n'entend rien nommer, ſi ce n'eſt par*
    *ſon nom.*
*Un Chat, s'appelle un Chat, & Rolet, un*
    *fripon.*

Le tems venu d'ouvrir la *Loge*, le *Venèrable*, frape en Maçon, trois coups ſur la Table. Le prémier & le ſecond Surveillant, en ſont autant, l'un après l'autre. Au dernier coup, le *Vénérable* se léve, fait le signe du Compagnon, avec toute l'Affemblée, & dit, *à l'Ordre mes Frères*. Le prémier, & le second Surveillant, repettent là même chofe tour à tour de leur côté. Après quoi le *Vénérable*, dit, *mes Frères, nous allons ouvrir la Loge, pour boire les fantés, que nous avons coutume de boire, avec tous les honneurs de la Maçonnerie, par trois fois trois*. Puis il fait alternativement deux, ou trois queftions du Catéchifme des Apprentifs, & des Compagnons, au prémier, & au fecond Surveillant : & il dit, *mes Frères, la Loge eft ouverte*, & en même tems, il les avertit qu'ils font non-feulement, obligés d'obferver les Statuts contenus dans le deuxiéme Chapitre, mais encore, qu'il leur eft expreffément deffendu de parler bas à l'oreille, ni haut en Latin, ou en quelqu'autre Langue Etrangère, que le Vin rouge doit s'appeller de la *poudre rouge*, le blanc de la *poudre forte*, l'eau de la *poudre blanche*, les bouteilles, des *Barils*, & les vafes dans lefquels ils boivent, des *Canons* ( qui font des Gobelets de Criftal, les vèrres ordinaires n'é-

tant pas aſſez forts, pour réſiſter à l'uſage
qu'ils en font ) que ceux qui enfraindront
ces Loix, ſeront condamnés à boire un
*Canon* de *poudre blanche*, ſans les honneurs, ou à une amande pécuniaire, &
à de plus grandes peines, ſi le cas le re-
quiert. Ces Réglements preſcrits, le
*Vénérable* s'aſſied, & toute l'Aſſemblée.
Quelque tems après il recommence avec
les deux Surveillants, la même cérémonie, qu'il a faite pour ouvrir la *Loge*, depuis les trois prémiers coups frapés ſur
la Table, juſques & compris ces mots,
prononcés par le ſecond Surveillant, *à*
*l'Ordre mes Frères* ; à quoi il ajoute,
*chargeons, mes Frères, pour la prémière*
*ſanté* ; les deux Surveillants, font encore l'Echo de ces paroles. Enſuite châcun met de la *poudre* dans ſon *Canon*,
& le prémier Surveillant, dit au Grand-
Maître, *Vénérable, nous ſommes chargés.*
Alors le Grand-Maître adreſſe ce diſcours à toute l'Aſſemblée : *Prémier &*
*ſecond Surveillant, Frères & Compagnons*
*de cette Loge, nous alons boire, à la ſanté*
*du Roi, de la Reine, de M. le Dauphin,*
*& de toute la Famille Royale.* Le pré-

mier Surveillant, répette la même chose, excepté, qu'il dit , *Vénérable, second Surveillant , Frères & Compagnons de cette Loge &c.* Le second Surveillant en fait autant, avec cette diférence, qu'il dit, *Vénérable , prémier Surveillant , Frères & Compagnons de cette Loge &c.* Ensuite le Grand-Maître , dit au prémier Surveillant, *Frère prémier Surveillant, commandez l'Ordre.* Celui-ci avèrtit ainsi toute l'Affemblée , *mes Frères regardés le Vénérable, & faites comme lui.* Le Grand-Maître, en ce moment , porte la main droite à son *Canon* : & le prémier Surveillant , fait le même mouvement, en criant, *portés la main droite à vos armes.* On met la main à son *Canon* , puis il dit, *en joüe.* On léve son *Canon* de deffus la Table, & on le tient devant foi, le bras tendu , & le commandement finit par ces mots , *feu, & grand feu, mes Frères.* Alors tout le monde boit, les yeux toujours fixés sur le *Vénérable* , afin de n'ôter de la bouche le *Canon*, qu'avec lui, & d'achever bien enfemble l'exercice, en grand filence. La *poudre* confommée , c'eft-à-dire , le Vin bû, ils fe remettent

*en joüe*. De-là ils portent le *Canon* à l'é-
paule gauche, puis à la droite, & se remettent *en joüe*. Aprés avoir fait cette manœuvre trois fois, ils posent leur *Canon* sur
la Table, en trois tems inégaux, de sor-
te, que le prémier est suivi de plus près
du second, que le second ne l'est du troisiéme, qui se tèrmine par un grand coup,
qu'ils donnent tous ensemble sur la Table,
avec leur *Canon*. Ces trois mouvements
se font, communément, en baissant toujours le *Canon* pèrpendiculairement. Cependant j'en ai vû, qui les faisoient en
zigzag. Mais comme les zigzags, qu'ils
forment alors, sont souvent plus à la gloire de Bacchus, qu'à celle d'Adoniram, je
crois qu'on ne doit faire aucune attention
à cette variété. Sitôt qu'ils ont mis les
armes bas, autres mèrveilles. Ils frap-
pent dans leurs mains, par trois fois, cinq
coups, les quatre prémiers extrêmement
précipités, & le cinquiéme, un peu retar-
dé : après quoi ils crient trois fois, *vivat*,
lévent la main droite, à châcun de ces cris
d'allégresse, en faisant claquer les doigts
de cette main, comme des Polissons,
qui veulent imiter le bruit des Casta-
gnéttes. Le dernier *vivat* prononcé, tous

reprennent séance, après le *Vénérable.*

Voilà ce qu'ils appellent *boire une santé avec tous les honneurs de la Maçonnerie, par trois fois trois.* Quoique le repas soit fort avancé, quand on ouvre la *Loge*, ils ne joüent pas ces Pantomimes toutes les fois qu'ils boivent, cela impatienteroit les Frères alterés. Chacun boit à la sourdine, tant qu'il veut, & pour l'ordinaire, ils ne portent point de santés, que la leur ne soit bien affermie, ou bien ébranlée.

La seconde santé, que le *Vénérable* porte, est celle du *très-Vénérable Grand-Maître* de toutes les *Loges* de France. Ensuite il porte celle du *Grand-Surveillant*, & des autres Officiers Généraux de l'Ordre, quand le tems le permet : mais rarement fait-on commémoration de ces derniers. Cependant il y a des *Loges*, où l'on n'en est pas quitte à si bon marché, à beaucoup-près, & où l'on fait ce charmant exercice, presque toutes les fois que l'on boit, dès que la *Loge* est ouverte. En ce cas voici l'Ordre, qu'ils observent. Après avoir célébré les santés dont je viens de parler, le prémier Surveillant, porte la santé du *Vénérable* Maître de la

*Loge,*

(109)

*Loge* , le fecond porte celle du prémier ,
& l'Orateur, ou quelqu'autre Frère, porté celle du fecond , à laquelle fuccédent
quelques-fois celles des Récipiendaires,
& des *Frères Vifiteurs*. (1) Nos Comédiens changent de rôles , mais ils joüent
toujours la même Piéce ; la feule diférence, entre l'éxèrcice des uns, & des autres,
eft dans l'avertiffemeat, qu'ils donnent à
toute l'Affemblée, de la fanté portée. A
l'exemple du *Venerable* , les deux Surveillants ne fe nomment point dans cet
Avèrtiffement, ni ne l'adreffent à celui
à qui ils boivent , quand ce feroit à un
d'entr'eux , & les autres Frères , font
obligés de nommer le *Venerable* & les
deux Surveillants. Par exemple, quand
le prémier Surveillant porte la fanté du
*Vénérable* , & qu'il en eft à l'avèrtiffement en queftion , après avoir fait les

___________________

(1) Ils appellent *Frères Vifiteurs*, ceux qui ne
font point de leur *Loge* , & qui y viennent
fans être invités. On eft obligé de les recevoir , & de leur faire bon accüeil , ne fuffent-
ils connus de pèrfonne, il fuffit, qu'ils donnent
des marques cèrtaines de leur qualité de Maçon, pour avoir ce Privilége.

K

cérémonies préliminaires, il dit, *second Surveillant, Frères & Compagnons de cette Loge, je vous porte la santé de nôtre Vénérable Maître*, & quand le second Surveillant porte celle du prémier, il dit, *Vénérable, Frères & Compagnons de cette Loge, je vous porte la santé de notre Frère prémier Surveillant.* Celui qui porte la santé du second, dit, *Vénérable, prémier Surveillant, Frères & Compagnons de cette Loge, je vous porte la santé de nôtre Frère second Surveillant.* Aulieu que tout autre qui porte la santé, soit du Sécrétaire, de l'Orateur, du Trésorier, ou d'un simple Frère, il faut qu'il dise, *Vénérable, prémier, & second Surveillant, Frères & Compagnons de cette Loge, je vous porte la santé du Frère un tel, &c,*

Celui à la santé duquel on va boire, tel qu'il puisse être, ignorant, ou feignant d'ignorer, que c'est de lui dont il s'agit, se leve avec toute l'Assemblée, & charge son *Canon* comme les autres, mais sitôt qu'on l'a nommé, il se remet sur son siége, & y demeure jusqu'à ce que la cérémonie soit finie, & que tout le monde soit assis. Après quoi il se releve, re-

( 111 )

mercie le *Vénérable* , les deux Surveillants, le reste de l'Assemblée, & les avertit qu'il va répondre au plaisir (1) qu'on
vient de lui faire. Moyennant quoi il
fait tout seul l'exercice que les autres
ont fait ensemble , qu'il se commande à
lui-même , & s'assied , après avoir bû , &
posé son *Canon* sur la Table , à la manière accoûtumée.

Quand il se trouve parmi eux des
Musiciens, qu'on appelle *Frères à talens*,
voilà le moment, où ils sont invités de
les exercer. Alors ils passent dans le centre du fer à Cheval, concèrtent suivant
leur nombre, leur capacité, & la si-
tuation de leur tête, plus ou moins brouil-
lée. La marche des Francs - Maçons ,
autrement dit, la *Marche des Illuſtres* ,
est une des piéces fondamentales du
Concèrt.

Après , & avant la Musique, le Grand-
Maître intèrroge, de tems en tems, les
Néophites, sur les Loix, & les Myſtères

---

[1] Il seroit à l'amende, s'il disoit, *à l'honneur*. L'honneur, est proscrit en *Loge*, ainsi
que le titre de Monsieur.

K ij

de la Maçonnerie. Celui qui ne fçauroît répondre à la queftion qu'on lui propo-fe , fait le figne de Compagnon , avec une inclination au *Vénérable* , cela veut dire , pardonnez mon ignorance. En ce cas le *Vénérable* , s'adreſſe à un autre , à qui il donne la même queftion à ré-foudre. Comme ces queftions ne roulent jamais, que fur celles des trois Catéchif-mes , & fur les cérémonies des trois Ré-ceptions , je n'en donne point d'exem-ple ici.

Lorfque le Grand-Maître eft obligé de fortir de la *Loge* , le prémier Surveil-lant , prend fa place & fon autorité , le fecond , fe met à celle du prémier , & le plus ancien des Frères de la *Loge* , oc-cupe celle du fecond.

Si le prémier Surveillant , devenu *Vé-nérable* , par l'abfence du Grand-Maître , ordonne de boire une fanté , *avec tous les honneurs de la Maçonnerie , par trois fois trois* , & que le Grand-Maître vien-ne à rentrer en ce moment, il fe tient debout , & ne reprend fa place qu'après la cérémonie finie.

De fondation , en dernier lieu, ils boi-

vent, *avec tous les honneurs de la Ma-*
*çonnerie,* & chantent en chorus l'admirable Chanſon qui ſuit, intitulée la *Chan-*
*ſon des Apprentifs.* Je ne ſçais ce qu'ils
diſent pour leur *Benedicite,* mais voilà
un échantillon de leurs actions de graces.

> Frères & Compagnons
> De la Maçonnerie,
> Sans chagrin joüiſſons
> Des plaiſirs de la vie.
> Munis d'un rouge bord,
> Que par trois fois, un ſignal de nos vèrres
> Soit une preuve, que d'accord
> Nous bûvons à nos Frères.

Cette hymne exige de ſe prendre tous
par la main, & de former une chaîne
en croiſant les bras, de manière qu'ils
donnent la main droite à celui qu'ils ont
a leur gauche, & la gauche à celui qu'ils
ont à leur droite, & ſans ſe quitter ils
levent les bras par trois fois à quelques
endroits de la Chanſon, auſſi haut qu'il
eſt poſſible de le faire en pareille ſituation. Cette eſpece de chaîne eſt diſent-ils, le ſimbole de l'union qui regne
parmi-eux. Ce couplet fini, ils ſe quittent

les mains, pour boire comme ils ont fait
auparavant, puis ils fe les reprennent,
continuënt de chanter les autres cou-
plets, & au dernier, que voici, ils boivent
encore de la même façon, pour la dernière fois.

<br>

Joignons-nous main en main,
Tenons-nous ferme enfemble,
Rendons grace au Deftin
Du nœud qui nous affemble;
Et foyons affurés
Qu'il ne fe boit, fur les deux Hémifphères,
Point de plus illuftres fantés,
Que celles de nos Frères.

<br>

Souvent à cette dernière Pantomime
ils admettent avec eux les *Frères Ser-*
*vants*, c'eft-à-dire, les Laquais, ou les
garçons de Cabaret. Mais cet acte d'humilité ne fe pratique guère que dans
les *Loges*, où les plus importants de
l'Affemblée peuvent hardiment fe mettre de Niveau avec le prémier venu, fans
jamais rifquer d'y perdre.

La Chanfon des Compagnons, dont
je viens de parler, eft fouvent précédée
& même fuivie d'un grand nombre d'au

tres Chanſons , compoſées par divers
Frères à talents. Il n'eſt jamais queſtion
dans ces hymnes que de leur ſageſſe, de
la douceur , & de la décence des plaiſirs
qu'ils goûtent en *Loge* , de leur fidélité
au Prince & à l'Etat , de la charité iné-
puiſable qu'ils exèrcent envèrs leurs Frères , de la pureté de leur morale , & de
leurs mœurs. En un mot ce n'eſt qu'une
compilation de toutes les vertus dont
ils ſe croyent les mieux partagés. J'au-
rois orné ce nouveau Catéchiſme de ces
beaux Panégyriques, s'ils nous en avoient
fait Myſtère , mais ils n'ont pas jugés à
propos de nous dédaigner juſqu'à ce
point-là, & non contents de les avoir fait
imprimer à leurs dépends, ils ont encore
eu la bonté de les vendre eux-même ,
pour la commodité du Public. C'eſt ſans
doute un triple ſacrifice, qu'ils ont fait à
leur modeſtie, & dont nous leur devons
ſçavoir d'autant plus de gré , qu'il eſt
contraire à leurs propres Statuts. Pour
donner ſeulement ici une idée de ces
Appologies, & de leur morale, j'ai tiré de ce charmant & curieux Recüeil
l'Hymne ſuivante compoſée par un de

leurs grands Orateurs. Sur l'air : *De la*
*Béquille du Père Barnabas.*

La Lanterne à la main ,
En plein jour dans Athêne ,
Tu cherchois un humain ,
Sévére Diogêne :
De tous tant que nous sommes
Visite les Maisons ,
Tu trouveras des hommes
Dans tous nos Francs-Maçons.

L'heureuse libèrté
A nos Banquets préside ,
L'aimable volupté
A ses côtés réside :
L'indulgente Nature
Unit , dans un Maçon ,
Le charmant Epicure
Et le divin Platon.

Pardonne , tendre Amour ,
Si dans nos Assemblées
Les Nymphes de ta Cour
Ne font point appellées :
Amour , ton caractère
N'est pas d'être discret ;
Enfant , pourrois-tu taire
Nôtre fameux secret ?

Tu fais affez de maux ,
Sans troubler nos Myftères,
Tu nous rendrois rivaux ,
Nous voulons être Frères :
Notre chère Famille
Redoute les débats
Qu'enfante la Béquille
Du Père Barnabas.

Toute-fois ne crois pas ,
Que des ames fi belles ,
A voler fur tes pas ,
Soient conftamment rébelles :
Nos foupirs font l'éloge
Des douceurs de ta Loy ;
Au fortir de fa Loge ,
Tout bon Frère eft à toi.

Au fortir de leurs *Loges*, dans quel autre lieu vont donc ces bons Epicuriens
rendre hommage à l'Amour ?

Avant la retraite le *Vénérable* , & les
Surveillants, font la cloture de la *Loge* ,
qui eft une répétition du Manége, qu'ils
ont fait pour l'ouvrir. La même céré-

monie se pratique lorsqu'un Frère dé-
linquant ne veut point subir la peine im-
posée : on ne le met pas déhors , mais
on ferme la *Loge*. Après quoi le *Véné-*
*rable* lui fait une ample & sévère répri-
mande & l'exclut tout à fait de l'Ordre
s'il persiste dans sa désobéissance. Pour
cet effet on le dénonce dans toutes les
*Loges*, que l'on peut connoître,& elles lui
sont à jamais interdites. Le Deni que fait
un Franc-Maçon en pareil cas , le rend
encore plus criminel, selon les Apologistes de la société : mais je crois que
leur corps n'est pas plus inéxorable que
bien d'autres , qui se sont souvent avilis ,
faute d'avoir la fermeté,de proscrire pour
toujours des Confrères indignes.

# CHAPITRE IX,

## *De l'Ecriture Maçonne.*

**L**'Alphabet est tiré d'un quarré formé par deux lignes paralelles, pèr-
pendiculaires, coupées de deux lignes
horisontales aussi paralelles.

### FIGURE.

| F Q. | A. I | O. U |
|---|---|---|
| G P. | R. S.. <br> T | D H, <br> Z.. |
| C N, | E. L <br> X.. | B. M <br> Y.. |

Ce quarré, comme on voit, produit
neuf Cases, tant ouvertes que fermées,
contenant l'Alphabet ordinaire, mais
dont plusieurs Lettres sont différenciées
par un, ou deux points. Pour tirer de cet-

te figure l'Alphabet en queſtion, il s'agit
de ſuprimer ces Lettres, & de répréſen-
ter à leur place les caſes où elles ſont, ſoit
ſans point, ou avec un, ou deux points,
relativement aux Lettres qu'elles contiennent, & dont elles font l'office. Ces
neuf Caſes diviſées forment donc, par le
ſecours de la ponctuation, qui les diſtin-
gue dans leur double & triple emploi, les
caractères de l'Ecriture Maçonne.

E X E M P L E.

Fin du IX^e. & dernier Chapitre.

PIECES

# PIÈCES

## MÉLÉES.

### POUR

### SERVIR A L'HISTOIRE

### DE LA

# MAÇONNERIE.

# *E P I T R E*

De l'Auteur du Catéchifme, à un zélé Franc-Maçon de fes Amis.

CHER ✱✱✱ qui fans prévention
　　Ecoutes, parles & décides,
　　　Dont l'efprit marche avec deux guides
　　　Le goût & la réflexion,
Aurois-je mérité ton indignation,
Pour avoir des Maçons pénétré les Myftères,
　　Et partagé, dans mainte occafion,
　　　Leurs délices imaginaires,
Sans me lier comme eux par l'obligation,
　　　Ou par le fèrment inutile,
　　　Dont ils profanent l'Evangile ?
Ai-je fraudé les Loix de la Réception ?
　　　Non : mais par une invention,
　　　Et licite, & particulière,
　　Quoiqu'étranger, j'ai vû plus d'un rayon
　　　De cette Myftique lumière,
　　　Qui t'a fait tant d'impreffion.
J'ai des Maçons condamné les maximes,
　　　Et montré de l'avèrfion
　　　Pour leurs burlefques Pantomimes.
　Or fur cela veux tu rompre avec moi ?
Eh ! n'es-tu pas ami de bonne foi,
　　　De beaucoup d'anti-Papiftes,

[2]

De nombre de Quiétiftes,
De tant d'Epicuriens,
Qui fouvent, dans leurs entretiens,
Ont parlé, même en ta préfence,
De la Religion avec irrévérence ?
Ne peut-on pas, à plus forte raifon,
Cher ami, fans te faire offenfe,
Se déclarer anti-Maçon,
Et dire, à ce fujet, ce qu'on fçait, ce qu'on
penfe ?
Ecoutes mes difcours ainfi qu'une Chanfon,
Pour t'en venger de la bonne façon,
Ceins le front des Maçons d'une triple Cou-
ronne,
Mets-lès au rang des Héros, ou desDieux,
Ne crois pas pour cela, que contre toi je ton-
ne,
Ni que tu fois moins aimable à mes yeux.
Des plus extravagans fois le parfait modéle,
Et fuis rigidement leur Loi,
Au mépris des Ordres du Roi,
Comme eux va travailler chez Hulin, chez
Ruelle,
Chez Chapelot, chez Vaillant, chez Lan-
delle,
Je n'en ferai pas fâché,
A moins qu'un jour la Police,
Qui leur en fait un péché,
Ne te furprit dans ce noble exèrcice.
*D'Adoniram, d'Hiram*, de *Booz* & de *Jak-*
*bin*,
Fais retentir la gloire au de-là du Tonquin.
Adores, fi tu veux, le Niveau, la Truelle,

[3]

L'Auge, l'Equèrre, & le Compas,
l'Echafaud, & même l'Echelle,
Je ne t'en empêcherai pas.
Mais, si je dois souffrir, sans entrer en furie,
Que tu fasses incessamment,
L'Eloge de ta Confrairie,
Que pour imiter folement,
Des Francs-Maçons la Charlatanerie,
Tu nous traites, publiquement,
De Profanes, impunément,
Souffre donc, que sans flaterie,
Je te dise confidemment,
Qu'a mon avis les Loix de la Maçonnerie
Sont des Loix qu'assurement,
Le Dieu de la raillerie,
Et son conseil falotin,
Ont fait tirer pour vous du Code calotin.
Je n'en parle pas en Novice,
Tous, in petto, vous me rendez Justice.
Comme le meilleur Maçon,
Je sçais charger un *Canon*,
L apointer, faire feu de la bonne manière.
Mainte fois j'ai pris mes ébats
*Très-Vénir ablement* en *Loge* régulière.
Quoique je sois passé de l'Equèrre, au Compas
D'une façon fort singulière,
Que comme toi je ne sois pas venu
D'Orient en Occident, d'un seul saut en ar-
rière,
Ami, *l'Accacia m'est connu.*
Mais à présent ma gloire est bien pe-
tite,

L iij

Vos plaisirs, vos secrèts, votre rare méri-
 te,
  Ont fait à Paris tant de bruit,
  Que tout le monde en est instruit.
  Envain pour nous donner le change
  Le *Parfait Maçon* (1) a paru :
  De ce Roman, le Public peu féru,
  Amplement de l'Auteur se venge.
  Envain cent Maçons distingués,
  Ont chanté la Palinodie
  De vos Mystères divulgués,
  C'est un secrét de Comédie.
  Envain ces Docteurs trop discrèts,
  Disent, à l'aide du Sophisme,
  Que j'ai fait maint paralogisme,
  En écrivant sur vos secrèts.
  Par leurs discours, & leurs emblêmes,
  Loin d'obscurcir la vérité,
  Ils prouvent ma sincérité,
   Et se décélent eux - mêmes.

   L'A U T R E jour dans un Festin,
   Qu'un riche & vieux Libèrtin,
   Nous donnoit à la Campagne,
   Cloris en sablant du Vin,
   De Bourgogne & de Champagne,
   Chantoit les Bachiques Chansons,
   Qu'en *Loge* chantent les Maçons,

(1) *Fable imaginée, ainsi que la Franche Maçonne, pour obscurcir la vérité devoilée dans
le Catéchisme.*

Et croyant que je pouvois l'être,
Me fit le vrai signe du Maître.
A mon tour, fratèrnellement,
Je lui donnai l'attouchement,
Non sans oublier *Pacollade*,
La belle à mes signaux répondit doctement
Et soudain, après l'embrassade,
Me dit, ab hoc & ab hac,
*Jakbin*, *Booz*, & *Makbenak*.
Mais ce n'est pas ce trait encore,
Qui seulement vous deshonnore ;
Ce qui doit plus vous humilier tous,
C'est de voir Porteur d'Eau, Fiacres, & Ha-
rangères,
Eclairés de tous vos Mystères,
Et sans craindre votre courroux,
Faire sur vous aussi de malins commentai-
res.
Quoiqu'il en soit, par là tu vois, comme tes
Frères,
Que le Public, avec raison,
Reconnoît aujourd'hui LEONARD GA-
BANON,
Votre cruel antagoniste,
Pour être des Maçons le seul Evangeliste.

# BREVET

# DE LA CALOTTE.

Accordé en faveur de tous les zélés Francs-Maçons.

*Extrait des Regiſtres de la Calotte.*

DE par le Dieu de la Satyre,
Maître du Calotin Empire,
A nos Feaux & bien amés,
Les gens par nos Rats animés,
Poëtes, Chanteurs, Organiſtes,
Maîtres de Danſe, Symphoniſtes,
Aſtrologues, Opérateurs,
Amoureux, Damoiſeaux, Joüeurs,
Médecins, Pédants, Machiniſtes,
Courtiſans, Badauts, Nouvéliſtes,
Plaideurs, Mathématiciens,
Philoſophes, Comédiens,
Peintres, Architectes, Chimiſtes,
Maîtres d'Armes & Duéliſtes,
Bref, à tous les cerveaux timbrés,
Qui ſont chez nous enregiſtrés,
SALUT, d'Amour & de liéſſe.
Ayant appris que l'allegreſſe

S'affoibliſſoit de jour en jour,
Dans notre turlupine Cour,
Qui menace de décadence,
Et cela, par le long ſilence
De tous nos Ecrivains quinteux,
Par l'oubli des Brevets heureux :
Nous voulons joindre à nôtre Empire,
Nouveaux ſujets, dont le délire
Ne peut qu'illuſtrer notre Corps,
Et mieux animer ſes reſſorts :
Nous aggrégeons la Gent Maçonne,
Sans faire injuſtice à pèrſonne ;
Dans ce Brevet ne comprenant,
Que ceux dont l'amour trop ardent,
Pour cette aimable Confrairie,
Eſt pouſſé juſqu'à la folie,
Et qui pénétrés de regrèt,
De voir au Diable leur ſecrèt,
Ne ſçachant pas à qui s'en prendre,
Sont tous les jours prêts à ſe pendre :
Que ceux, pour tout dire en un mot,
Qui méritent comme Nodot,
Clérambault, Marais, & le Maire,
La qualité de très bon Frère,
Ainſi que Greff de l'Opéra,
Dupont, Langlade, & *cetera.*
Et nous joignons à cette Liſte,
Ce *Vénérable* Appologiſte,
Qui par les Gazettes nous promet,
De nous donner, ſans flaterie,
Un Eloge juſte & parfait,
De la Franche - Maçonnerie,
Avec le Recüeil des Chanſons,

Qu'en *Loge* chantent les Maçons.
VOULONS , que leurs sacrés Myſtères,
Soient tracés , en gros caractères ,
Au Greffe de nos Contrôleurs ,
Par un de leurs *Frères Tuilleurs* :
Que dans la Chambre d'Aſſemblée
Pende la *Houpe d'entelce* ,
Autour du Juge jovial ,
Qui tient pour nous le Tribunal :
Que dans cette Chambre plaiſante
Brille *l'Etoile Flambóyante* ,
Entre les deux Piliers, qu'Hiram
Fit par l'Ordre d'Adoniram :
Qu'au deſſus de ce nouvel Aſtre ,
Ignoré de feu Zoroaſtre ,
Cet Aſtrologue ſans pareil ,
Brillent la Lune & le Soleil :
Qu'on joigne à ce deſſein comique
Le charmant Pavé *moſaïque* ,
Les ſept myſtérieux degrés ,
Par les Maçons ſi révérés ,
Sans oublier les trois croiſées
De même auſſi ſolemniſées :
Et que parmi ce merveilleux ,
Digne de tous nos cerveaux creux ,
On voye *Aplomb* , *Compas* , *Equèrres* ,
*Niveaux* , *Marteaux* , *Planches*, & *Pierres*.
ORDONNONS , à nôtre Greffier ,
D'écrire ſur nôtre Papier ,
Et le Papier de la Canaille ,
C'eſt-à-dire, ſur la muraille ,
Tous ces mots, *Jéhovah* , *Jakbin* ,
*Booz* , *Makbénak* , & *Tubalquain*.

D'ADONIRAM la grave Hiſtoire
Se verra dans la *Chambre noire* ,
Avec l'Eſcalier en vis fait,
Qu'on monte *par trois* , *cinq*, & *ſept* ;
Et dans ces Lieux auſſi doit être
La lugubre *Loge* de Maître :
Nos mélancoliques Sujets
En feront tous fort ſatisfaits.
Un Cèrcüeil entouré de larmes ,
Sans doute , aura pour eux des charmes ,
Et la mort , qu'ils verront au bas ,
*Entre l'Equèrre* , & *le Compas* ,
Changera leur ſombre trifteſſe
En une parfaite allégreſſe.
Là maints Docteurs en Tabliers ,
Ainſi qu'utiles Ouvriers ,
Au col une Equèrre penduë ,
Le Cordon Bleu qu'on proſtituë ,
Tout leur paroîtra merveilleux ,
Réjoüiſſant , miraculeux ,
Et même ils trouveront riſible
L'Office du *Frère terrible.*
   Pour rendre encor plus glorieux
Les Maçons ſuperſtitieux ,
Faiſons par grace , & courtoiſie ,
Sans exciter de jalouſie ,
Ce bon Banquier , leur Général ,
De nos Logis, grand Maréchal,
Ce Profeſſeur en Médecine ,
Qui d'Eſope à toute la mine ,
De nôtre Troupe l'Inſpecteur ,
Et Fréron le grand Orateur.
Enfin pour montrer nôtre zéle ,

( 10 )

Aux Chevaliers de la Truelle,
VOULONS, que tout bon Franc-Maçon
Soit reçu chez nous fans façon ,
Qu'il ait rang dans nos Affemblées,
Comme nos cèrvelles felées ,
Qu'entre-eux & nous tout foit commun,
Et que les deux ne faffent qu'un :
Que les Maçons portant calotte
La portent triple , & la Marote,
Que fur les facrés Tabliers
Des *Vénérables* Officiers
Soient appliqués Rats , & Sonnettes ,
Et toutes fortes de fornettes.

Vû l'honneur que nous recevons
En nous uniffant aux Maçons,
Ayant plus d'un bon témoignage
Que les Rats , illuftre apanage
De nos fous immatriculés ,
Sont dans leurs chefs tous affemblés ,
En leur accordant nos fufrages,
DONNONS , à châcun d'eux pour gages,
La fomme de deux mille francs ,
A prendre une fois tous les ans,
Sur les débris du fameux Temple
D'un Roi, qui jeune fut exemple
Et de fageffe & de Grandeur ,
Mais qui des Humains Précepteur,
Las du trifte métier de Sage,
Sur fes vieux jours nous fit hommage.
Donnons de plus ( car en ami
Il ne faut rien faire à demi )
A ces nouveaux Penfionnaires,
Du bon fens nobles advèrfaires,

L'uftencile

L'uſtencile & le logement,
L'un & l'autre commodément,
Dans cette Sainte Moinerie, (1)
Où Mouret à fini ſa vie
Avec gens pèrclus du Cèrveau.
Où l'on attend le Sieur Rameau.
F A I T dans nôtre Chambre ratière,
Aprés avoir vû la Lumière,
Grace à fines précautions.
L' A N des illuminations,
Où l'on eut beſoin d'Ellebore,
*Signé* MOMUS, & plus bas, BAURE,

(1) *Charenton.*

M

*LETTRE CRITIQUE.*

# DE M. LE CHEVALIER ✱✱✱

*A L'AUTEUR DU CATECHISME*

# DES FRANCS-MAÇONS,

IL est juste, mon cher GABANON, que je vous fasse part du fruit, que j'ai tiré de vôtre Catéchisme, & que j'avoüe publiquement, que les instructions que j'y ai puisées, m'ont introduit sans peine dans ces *Loges* fameuses, où jusque là de *Profanes* regards n'avoient pû pénétrer. Cependant je ne vous entretiendrai pas de ce qui s'y passe pour l'ordinaire, vous le sçavez mieux que moi. Mais le hazard m'a rendu témoin d'un événement singulier, & absolument étranger aux Mystères de cet Ordre. La reconnoissance veut que je vous en rende compte. Je serai charmé s'il peut vous amuser.

On m'invita, il y a quelque tems, à

üne Réception de Franc - Maçon. Je
me rendis dans le Cabaret que l'on m'a-
voit indiqué : & je demandai à parler
au Maître. Je lui dis le mot du Guet.
Il n'héfita pas à m'introduire dans l'Affemblée, croyant que j'étois Maçon, la
c'étoit dans fa Cave, ce jour - là, que & 
*Loge* fe tenoit. Vingt cinq pèrfonnes, fans
me compter, la compofoient, fçavoir ,
cinq Abbés, trois Peintres, dix Mufi-
ciens, trois Garçons Perruquiers, deux
Aides de Cuifine, & deux Commis au
Bureau de la Volaille. Quoique je fuffe
venu à l'heure prefcrite, la Réception
étoit déja faite, & on alloit fe mettre à
Table. La Cave étoit décorée de Tapiffe-
ries. Des planches qui couvroient la tèrre, & un grand nombre de Lumières
corrigeoient un peu la fraicheur mal faine
du fous terrain. Sur la Table étoit un
affez beau Surtout fait en triangle, gar-
ni de neuf Bougies, fçavoir , trois à
châque angle, orné de fleurs , & de
quelques attributs de la Maçonnerie. Le
prémier fervice me fit bien augurer des
autres. Il annonçoit un Feftin comparable à ceux que nos Financiers donnent

à des Actrices de l'Opéra, quand les Seigneurs sont partis pour l'Armée.

Nous commençâmes bientôt à savourer les délices qu'on goûte en *Loge*, & qu'on ne sçauroit exprimer, si l'on en croit les zelés Francs-Maçons ; ces délices cependant ne consistent, qu'à manger aux dépends des Récipiendaires, & à entendre quelque-fois de bonne, ou de mauvaise Musique. Quoiqu'il en soit, nous nous livrions tranquillement à ces innocens plaisirs, l'orsqu'un Garçon du Cabaret entre brusquement, en criant d'un air épouvanté, » ah, mes Frères, » sauvons-nous, nous sommes vendus. Soudain s'éclipsent ces vives & riantes couleurs, qu'imprime sur la joyeuse physionomie des bons Francs-Maçons, le plaisir de se voir rassemblés le vèrre à la main. Ils se levent & se sauvent avec tant de précipitation, qu'en fuyant ils jettent le *Vénérable* & le second Surveillant par tèrre, & renvèrsent la Table, avec tous les plats sur leur corps : la peur fit oublier les devoirs de la fraternité. Quel étrange spectacle ! Deux *Vénérables Frères*, prêts à succomber sous le

poids d'une Table de trente couvèrts, &
nâgeant dans un étang de jus, de graiſſe,
d'huile, & de coulis. Quoique *Profane*,
je ne pus me réſoudre à les abandonner
dans cette ſituation ; je courus à eux,
pour les aider à ſe relever. Ces *Vénéra-*
*bles*, plus ſaiſis de crainte, que pénétrés
de reconnoiſſance, dès qu'ils ſe virent
tirés de leur ſauſſe, ne ſongerent qu'à
ſe ſauver comme les autres : mais ju-
geant bien, par le bruit & les cris, qu'on
faiſoit à l'entrée de la Cave, que la fuite
n'étoit pas le plus ſûr moyen d'échaper
au danger ; ils ne penſerent plus à me
quitter. Ils me prierent, par tous les droits
de la Fraternité Maçonne, de ne les
point abandonner, & ayant apperçu dans
un coin, derrière la Tapiſſerie, deux ou
trois Tonneaux défoncés, ils me conju-
rerent de vouloir bien les aider à ſe mettre ſous deux de ces vieilles Futailles.
Je leur rendis encore ce petit ſèrvice.
Cette opération ne fut pas plûtôt faite,
qu'un Commiſſaire en Robe entra dans
nôtre Caveau, accompagné de deux ou
trois Exempts, & d'une trantaine d'Archers, au milieu deſquels étoient nôtre

chier Hôte, & le Frère *Orateur*, Abbé
très recommandable, parmi les zelés
Francs-Maçons. Ce qu'il y eut de plus
funeste, & de plus humiliant pour la Société, c'est que, sans avoir égard au glorieux titre de Franc-Maçon, ni de petit collet, cette *Profane* cohorte avoit
eu l'audace de leur mettre les menottes,
parce qu'ils avoient, en bons Frères, fait
d'abord un peu les mutins, & que d'ailleurs l'Abbé, voulant toujours joüir de
ses prérogatives *d'Orateur*, faisoit de
tems en tems des harangues, qui indis-
posoient de plus en plus le Commissaire
contre les coupables.

Ce Magistrat subalterne m'aborda, au
milieu de deux Archers la bayonnette
au bout du Fusil, & d'un air grave il
me fit cette question laconique. » Qui
» êtes-vous ? Que faites-vous ici ? Je lui
dis mon nom, & mes qualités, auxquelles
je n'ajoutai point, comme vous pouvez
bien l'imaginer, celle de Maçon. Je lui
appris au contraire, que j'étois aussi bon
*Profane* que lui ; persuadé de cette vérité, il me dit, d'un air moins rébarba-
tif, » vous êtes le Maître, Monsieur

» dévons retirer, quand bon vous fem-
» blera, mais vous me ferez plaifir de
» vouloir bien refter jufqu'à ce que j'aie
» fait mon Procès-verbal. J'y confentis :
& fur le champ la Table du Feftin de-
vint Bureau Judiciaire.

Il eft aifé de comprendre combien
toutes ces formalités paroiffoient longues
& ennuyeufes à nos deux *Vénérables*, qui
n'étoient pas dans leurs Tonneaux, auffi
tranquiles, & auffi à leur aife que Diogêne dans le fien ; car ils ne refpiroient
que par le trou du bondon, & d'ailleurs
ils étoient trop bons Maçons pour fe
confoler aifément de la perte d'un auffi
grand repas. Pour comble de difgraces,
comme le Commiffaire alloit finir fon
Procès-verbal, & s'en aller, il prit une
toux au *Vénérable* Grand-Maître. Un
des Archers l'ayant entendu, dit au
Commiffaire, en montrant le Tonneau,
» Monfieur, il y a quelqu'un de caché
» là-deffous. Le Commiffaire, quoique
*Profane*, repondit malignement, & en
fouriant, » *faites-lui voir la Lumière* :
auffi-tôt cet Archer leve le Tonneau, &
d'autres en même tems fe jettent fur

le *Vénérable*, & le traînent devant le Commissaire, d'une façon peu convenable à sa dignité.

Le *Vénérable Surveillant* n'eut que faire de tousser pour subir le même sort. On fit une recherche exacte sur le champ sous les autres Tonneaux, & lorsqu'on leva le sien, on le trouva évanoüi. Cet accident suspendit, pour un moment, la Procédure ; tout le monde fut occupé à le regarder, ou à le secourir : à force de le tourmenter on le fit revenir ; & comme j'étois un de ceux, qui l'approchoient de plus près, je m'aperçus, qu'une autre odeur s'étoit mêlée à celle des fricassées dont son habit étoit enduit. Le Commissaire, en se bouchant le nez, lui demanda son nom, & ses qualités. » Je » m'appelle, répondit-il en tremblant, » Nicolas Tuyau ; je suis Organiste de » la Paroisse, & Franc-Maçon, élevé » à la dignité de second Surveillant. Cela » étant, repliqua le Commissaire, » vous trouverez bon, *Vénérable*, que » je vous envoye, avec vos Frères, te-» nir *Loge* au For-l'Evêque.

Cette Sentence pensa le faire évanoüir une feconde fois. Il fe jetta aux genoüx du Commiffaire, & lui dit, d'une voix entrecoupée de fanglots, » ah, » Monfieur, je vous demande grace ! » Foi de Gentil-homme, je promets de- » vant le grand Architecte de l'Univers, » qui eft Dieu, & devant cette illuftre » Affemblée.... Retirez-vous, lui dit le Commiffaire en l'interrompant, » vous » engagez bien du vôtre, en jurant foi » de Gentil - homme. Le *Vénérable* Nicolas Tuyau avoit l'efprit fi troublé dans ce moment, qu'il ne fçavoit plus ce qu'il difoit ; & fi le Commiffaire ne l'eut pas interrompu, il alloit, je crois, réciter tout au long le ferment que font les Francs-Maçons à leur Réception, aulieu de la promeffe qu'il vouloit faire au Commiffaire, de ne jamais retourner en *Loge*, & d'abjurer pour toujours la Maçonnerie.

Je vous avoüe, que je fus furpris de voir tant de foibleffe dans un homme, qui nous avoit dit, avant cette aventure, que pour foutenir la gloire, & l'honneur de la Société Maçonne, il étoit tout prêt à facrifier fa vie, qu'il avoit déja donné,

& reçu plusieurs coups d'épée , & qu'il
alloit au prémier jour se couper la gorge
avec un de ses meilleurs amis, parce que,
sans être Franc-Maçon , il étoit éclairé
de leurs Mystères,& qu'il osoit les divul-
guer , & ne les pas trouver de son goût.
Ces rodomontades me l'avoient fait regarder d'abord comme un second Don-
Quichotte; il en avoit même assez la taille & la figure ; mais je lui faisois encore
trop d'honneur, car il montra moins de
fermeté , & de présence d'esprit dans
l'avanture du Commissaire, que Sancho
dans celle des Foulons.

Cependant malgré l'état pitoyable où
étoit ce *Vénérable-Surveillant* , malgré
ses lamentations, ses prières , & ses éva-
cuations, le Commissaire le condamna
comme les autres au For-l'Evêque. Ensuite il interrogea le *Vénérable Grand-
Maître* , & lui ayant demandé son nom,
& ses qualités,il dit » je m'appelle Clau-
» de Bourguignon de la plume, je suis
» Commis au Bureau de la Volaille,
» & Maître de Loge , constitué par
» le très-Vénérable, & très -respecta-
» ble Baur Banquier. En même tems

il tira de fa poche, fa Lettre de Maîtrife, par laquelle il prétendoit, qu'il lui
étoit permis de tenir *Loge*: cette Patente,
en effet, étoit fignée *Baur*, & fcellée d'un
Sceau inconnu de tout le monde. Aprés
que le Commiffaire en eut fait la lecture,
il dit au *Vénérable* Bourguignon de la
Plume, en lui jettant brufquement fa Patente au nez » allez celui qui vous a don-
» né cette permiffion n'eft pas plus rai-
» fonnable que vous: votre dignité vous
» vaudra la diftinction d'être feul mis au
» Cachot. J'eus beau prier, mes difcours
furent inutiles. Le Procès-verbal fini, on
les mena tous les quatre au For-l'Evêque, & je regagnai paifiblement mon
Logis, me promettant bien de ne jamais me retrouver en pareille compagnie.

Si la difgrace que je dépeins m'a fort
affligé, ou non, ce n'eft pas une queftion à me faire: étranger à la Société, *Profane* à fes yeux, je puis en rire avec tout
l'état qui la profcrit: vous pouvez, à plus
forte raifon, penfer de même; les Francs-
Macons ne vous ont-ils pas affez d'o-
bligation pour vous paffer quelque cho-

ſe ? Sans vôtre Catéchiſme, ils confon-
droient encore Hiram avec Adoniram,
& ils ignoreroient, que par leurs cérémonies, & leurs Myſtères, ils célébrent,
non ſeulement la mémoire de ce dernier, mais auſſi celle de tous ſes Aſſa-
ſſins.

Ne vous imaginez pas cependant,
que j'approuve, en tout point, la témérité que vous avez de les ménager ſi
peu dans vôtre Catéchiſme. Rien ne
ſcauroit m'engager à avoir cette complai-
ſance. Pourquoi vous ériger en cenſeur?
Croyez-vous n'avoir jamais beſoin d'in-
dulgence ? Et pouvez-vous raiſonnable-
ment compter ſur celle du Public, ſi vous
n'en avez aucune pour les autres ?

> De nos Poëtes cauſtiques,
> N'imitez pas la fureur ;
> Souvent leurs écrits Cyniques
> Coutent chèr à leur honneur.
> J'en prends à témoin l'Auteur,
> Des Lettres Philoſophiques. (1)

(1) *Un Arrêt de la Cour du Parlement, du 10
Juin 1734, a condamné cet Ouvrage à être la-
ceré & brulé par la main du Bourreau, comme
ſcandaleux, contraire à la Religion, aux*

Les aventures humiliantes de ce fameux Ecrivain, devroient seules mettre un frein à la fureur que vous avez
d'écrire. Seroit-ce l'ambition de passer
pour bel esprit, qui vous feroit courir
une carrière si épineuse ? Croyez-moi :
renoncez à cette manie. Elle ne conduit à rien d'avantageux. Un grand
Poëte est plus craint, plus envié qu'ai-
mé, & il n'est pas pour l'ordinaire fa-
vorisé de la fortune. A peine dans la
liste innombrable de nos Ecrivains modernes, en comptons-nous deux dans
l'opulence. Encore le premier doit peu
de ses richesses à ses talens : & l'autre
n'auroit peut-être pas à se louer, à cet
égard, des Muses plus que ses Confrères, s'il n'avoit trouvé le secret inconnu
jusqu'alors de tromper tous ses Librai-
res, & de leur rendre avec usure les
injustices criantes qu'ils font si souvent
aux Auteurs. Tout doit donc vous engager, mon cher Gabanon, à ne pas vous

bonnes mœurs, & au respect dû aux Puissances ; *& l'Auteur par une foule d'autres Ecrits
semblables, s'est encore attiré de bien plus flétris-
santes disgraces.*

N

établir dans la République des Lettres:
la terre de ce Païs eſt trop ingrate, &
trop difficile à cultiver. A tel, qui croit
lui faire produire des fleurs, ou des
fruits, elle ne rapporte ſouvent que des
Epines & des Chardons.

Si l'excellent Poëte n'a pas lieu de
compter beaucoup ni ſur la fortune, ni
ſur des amis, quel avantage le Poëte
médiocre peut-il eſpérer de ſes foibles
talens ? A l'égard du mauvais Poëte
( au rang duquel on pourroit peut-être
bien vous mettre ) ſon ſort eſt plus certain, il doit toujours s'attendre à être
mépriſé de tout le monde, à vivre & à
mourir dans la plus cruelle indigence,
ſans être plaint, ni regreté de perſonne. Voilà les riſques que vous courez.
D'ailleurs, vous aimez la ſatyre, & ce
genre d'écrire eſt le plus dangereux.

Un ami trop ſincére, & trop officieux,
Qui ſur tous nos défauts ne peut fermer les
    yeux,
      Ni même garder le ſilence,
N'eſt pas l'ami que l'on aime le mieux.
      Quand la vérité nous offenſe,
Celui qui nous la dit, eſt ſouvent odieux.

Je ne comprends pas comment ce
goût peut régner parmi nos jeunes
gens, il leur sied mal : & je l'ai trouvé
encore bien plus ridicule dans cet ex-
clerc de votre connoiſſance, (1) qui
livré en apparence au monde galant,
& deſtiné par cet état à faire uniquement des Madrigaux & des Elégies,
vient de donner avec indécence dans
la critique, & pour caver d'abord au
plus fort, s'eſt eſſayé ſur *Sémiramis* &
ſur *Catilina* : arogance qui révolte tout
le monde : auſſi a-t-on preſqu'autant
mépriſé l'Ouvrage, que l'Auteur mérite de l'être.

Si la maladie d'écrire vous tient
donc, compoſez des Panégyriques, à
la bonne heure, vous ne riſquerez que
d'ennuyer ceux pour qui ils ne ſeront
pas faits. Mais il ne faut pas vous aviſer
de ne vouloir loüer que le vrai mérite,
vous ſeriez trop ſouvent déſœuvré.

Je ne ſuis pas du ſentiment de ces

______

(1) Desforges Auteur de la première *Lettre
critique ſur la Tragedie de Sémiramis* de M. de
Voltaire, & du *Natilica, Conte Indien, ou
Critique de Catilina* de M. de Crébillon.

Panégyristes-discrets & réservés, qui
prétendent, que c'est reprocher des défauts à quelqu'un, que de loüer en lui
des vertus qu'il n'a pas. Quand on fait
tant que d'encenser une Idole, il faut
non seulement célébrer le mérite qu'elle a. mais encore celui qu'elle devroit
avoir. Par exemple, si j'avois fait l'éloge
de cette belle Actrice de l'Opera, pour
qui vous avez composé quelques petites
Piéces de vers, qu'elle-même m'a mon-
trées, je ne me contenterois pas, comme vous, d'exalter ses beaux yeux, ses
graces, sa taille & son air vif & noble ;
je releverois sa belle gorge, les Lys de
son teint, je chanterois sa chasteté, sa
modestie, la délicatesse, la pureté de
ses sentimens ; sa grandeur d'ame, son
désintéressement, son humilité, sa po-
litesse, sa reconnoissance, &c. Il m'est
tombé entre les mains quelques vers
à la loüange de cette Belle, qui me
paroissent plus flateurs pour elle que
les vôtres. En voici un échantillon.
C'est l'Epitaphe d'un de ses Amans,
qu'elle, a, dit - on, eu la cruauté de
laisser mourir de la jauniffe.

Cy gît un Amoureux trop bon ,
Qui décéda brûlé pour la Chaste * * ,
Hélas ! Dieu veuille avoir son ame.
Passans , ne plaignez pas son sort ;
Car si la belle eût partagé sa flâme ,
Vous entendez de quel mal il fût mort.

Je vous exhorte donc , mon cher Gabanon , à prodiguer l'encens : il vaut mieux faire de froids & de fades Panégyriques , que de bonnes & de justes Satyres.

J'ai l'honneur d'être avec tous les sentimens que notre profane fraternité peut inspirer ,

Votre , &c.

❖❖❖❖❖❖❖❖❖❖❖❖❖❖❖❖❖❖❖❖❖

# OBSERVATIONS

*De l'Auteur du Catéchisme sur le Livre intitulé,* HISTOIRE DES FRANCS-MAÇONS, &c.

LES Romans, que quelques zélés Francs-Maçons ont répandu à Paris dans le dessein de donner le change au Public à l'égard de leurs Mystères dévoilés dans mon Catéchisme, n'ont pas produit, sur l'esprit des *Profanes,* l'effet qu'ils en attendoient. Ces Zélateurs de l'Ordre ont jugé à propos d'en faire imprimer un autre depuis peu en deux Volumes. Celui-ci est intitulé, *Histoire des Francs - Maçons.* L'Auteur de cet Ouvrage ne le donne pas, à la vérité, comme les autres, pour leur secret ; mais il prétend prouver seulement, par le secours d'une chronologie extravagante, que ce secret n'a jamais transpiré. Dans le premier Tôme, qui contient la prétenduë Origine de la franche-Maçonnerie, ses progrès, ses Statuts, &c. il la fait remonter jusqu'à la création du Monde, afin qu'on regarde comme une fable ses véritables Myftères, qui ne tirent leur origine que du tems de Salomon.

Si l'on en croit cet Ecrivain fur fa parole, Adam fut le premier Franc-Maçon : c'eft, felon lui, un fait inconteftable. *On ne craint point, dit-il, d'avancer, après les Ecrivains facrés, qu'Adam créé par le grand Architecte de l'Univers, reçut de lui avec l'être les fciences infufes, & particulièrement la Géométrie, & qu'il les appliqua aux befoins de la vie humaine. Il s'enfuit de-là que le premier homme fut le premier Franc - Maçon.* (1) La conféquence n'eft-elle pas bien jufte ? Peut-on penfer autrement ? Ce fentiment eft d'autant mieux fondé, que l'Ecriture nous apprend qu'Adam ne mangea la Pomme que dans l'efpérance de fçavoir de grands Myftères, qui lui étoient alors inconnus, & ces Myftères, fans doute, étoient ceux de la Maçonnerie. On doit même conjecturer, que c'eft au feftin de fa récep-

_____

(1) Hiftoire des Francs-Maçons, première partie, page 30.

tion, qu'il mangea ce friand morceau
défendu, & que le serpent y assista en
qualité de premier *surveillant*, ou d'*O-*
*rateur*. A l'égard des autres personna-
ges nécessaires pour rendre cette *Loge*
*juste & parfaite*, je ne devine pas de-
quelle espèce ils pouvoient être. Mais
les Chroniques de la Maçonnerie, que
cite notre *vénérable* Historien, en font
peut-être mention. Pourquoi cet Auteur si fécond en rêveries, n'a-t-il pas
imaginé celles-ci ? Elles font cependant bien dignes de lui.

Après avoir donné la qualité de
Franc-Maçon au premier homme, il
en décore Caïn & Abel ses *Lufraux*.
Ensuite, selon lui, *Henoch devient Grand*
*Maître Maçon de la moitié du Genre Hu-*
*main. Sa postérité suit son exemple. C'est*
*ainsi, que l'ancien Monde, qui a duré*
*au delà de seize siécles & demi, conserva*
*l'intelligence de la Maçonnerie, & que*
*les plus sages d'entre les hommes s'en révé-*
*lèrent les secrets les uns aux autres dans*
*leurs Loges régulièrement assemblées.*

Pour donner l'idée qu'on doit avoir
de ce premier Tôme, il n'est pas néces-
saire,

faire, je crois, d'entrer dans un plus
grand détail. On peut juger, par les
feuls traits que j'en raporte ici, de toutes les autres extravagances dont il eft
rempli, & combien l'Auteur de cette
Chronologie trop comique, mérite
l'honneur d'être l'Hiftoriographe du
Régiment de la Calote. Cet illuftre
Corps, où il a déja été aggrégé, (1)
n'eft pas moins refpectable par fon an-
cienneté, que celui de la Maçonnerie. Si Adam fut le premier Franc-
Maçon, ne fut-il pas auffi le premier
fou ? Ainfi l'Hiftorien des Francs-Maçons, qui tire un fi grand avantage de
leur antiquité, pourra acquérir autant de gloire en écrivant l'Hiftoire
des uns, qu'en écrivant celle des autres. Quoique le fecond Tôme ne con-
tienne rien de nouveau, il n'eft pas
moins admirable que le premier. C'eft
un Recüeil de toutes les Piéces tant
en vers, qu'en profe, que plufieurs bons
Frères ont déja fait imprimer féparé-

_______________

(1) Voyez le Brevet de Calotte accordé en
faveur de tous les zélés Francs-Maçons, page 6.

O

ment, & venduës en détail pour la gloire de la Maçonnerie. Comme j'ai parlé dans ma Préface de la plûpart de ces Apologies, je n'en ferai point ici l'analyse. Mais j'avoüerai seulement, que j'ai été fort surpris de trouver parmi tous ces beaux Panégyriques mon Epitre en vers à un Franc-Maçon de mes amis, & que l'Auteur, ou pour mieux dire l'Editeur de ce second Volume, ait intitulé cette Piéce comme les autres, *Apologie pour les Francs - Maçons.* Les Zélateurs de la Maçonnerie ne lui sçauront-ils pas mauvais gré de la bizarerie de ce mélange, malgré la précaution qu'il a prise de ne mettre qu'en abregé leurs mots mystérieux imprimés tout au long dans l'Original, qui est à la tête des *Piéces mélées,* que je donne ici *pour servir à l'Histoire de la Maçonnerie.* Je laisse aux *Profanes* le soin de tirer les justes conséquences de cette abréviation trop discrete, & même de faire des Observations plus amples, que les miennes sur le reste de l'Ouvrage, s'ils peuvent le lire en entier sans mourir d'ennui.

# EXTRAIT CRITIQUE
## De l'Anti - Maçon.

CE Livre n'est, à proprement parler, qu'une mauvaise, & ridicule
compilation de mon Catéchisme, & des
autres Ouvrages déja imprimés sur le
même sujet. L'Auteur en convient dans
son Discours préliminaire à l'égard de
mon Catéchisme. C'est un voleur de
bonne foi à qui je n'en dois pas vouloir : car outre qu'il ne m'a pas tout
pris, il a si vilainement défiguré ce
qu'il m'a volé, que son Livre ne peut
faire aucun tort au mien. Il passe sous
silence mon premier Chapitre. Il ne
rend pas le second fidélement. Il réu-
nit en un seul le troisiéme, le cinquiéme, & le septiéme, qui ne doivent pas
être confondus, & encore fait - il des
erreurs, & des obmissions essentielles
dans la compilation sans ordre, qu'il
donne de ces trois Chapitres. Il me
laisse le huitiéme en entier, & les deux
desseins des Loges de l'Apprentif-Com-

pagnon, & du Maître. C'eſt apparemment une reſſource, qu'il ſe réſerve pour une ſeconde édition. Cependant à l'égard de ces deſſeins, il dit pag. 65, *que ceux, qu'il a fait graver, ſont les plus conformes à l'inſtitut.* Mais où ſont-ils ? On n'en trouve aucun dans ſon Livre. On n'y voit qu'un barbouillage au commencement, qui n'eſt conforme à rien. Enfin il ne donne qu'un très leger, & très imparfait extrait de mon Catéchiſme. D'ailleurs tout ce qu'il nous apprend de nouveau ne roule, que ſur des abſurdités, & des puérilités totalement étrangères à l'Ordre des Francs-Maçons, ou ſur ces minuties dont je parle dans ma Préface, page 13, qui ne tirent point à conſéquence, & qui varient, au gré des *Vénérables*, preſque dans toutes les Loges. N'ai-je pas aſſez donné d'exemples de cette variété dans les Chapitres deuxiéme, quatriéme & ſixiéme ?

Il avoüe, que je dévoile le véritable ſecret de la Maçonnerie dans mon Catéchiſme. Il convient, *que c'eſt l'Ouvrage d'un Profane bien inſtruit.* Je n'en dis pas

autant du fien. Je déclare au contraire
que fon Livre eft l'Ouvrage d'un *Profa-*
*ne* ignorant, ou d'un Franc-Maçon de
mauvaife foi, qui ne cherche qu'à em-
broüiller la matière, pour tâcher de re-
mettre du moins les Myftères de la Maçonnerie dans le chaos, où ils étoient
avant mon nouveau Catéchifme. En
effet la vérité fans ordre, qui s'y trouve
mélée avec le menfonge, eft plus propre, felon moi, à tromper le Public,
que les fables mémes, qu'ont fait imprimer, à ce deffein, quelques zélateurs
de la Maçonnerie.

Pour prouver l'ignorance, ou la mauvaife foi de l'*Anti-Maçon*, ne fuffiroit-il
pas d'obferver les erreurs, & le galima-
tias, qu'il fait au fujet du nom d'*Ado-*
*niram* dont il rapporte auffi l'Hiftoire?
*Cet Architecte*, dit-il, *fuivant l'Ecriture*
*s'appelloit Adoniram, ou Adonira. Jofeph*
*l'Hiftorien l'appelle auffi Adora.* Ce qui lui
fait mettre au texte, *Abregé de l'Hiftoire*
*d'Hiram, Adora, Adonira, ou Adoniram,*
*Architecte du Temple de Salomon.* Le menfonge eft groffier, ou la bévûë eft hu-
miliante. L'Ecriture ne varie point fur

le nom de l'Architecte du Temple de Salomon. Il y est nommé sans équivoque *Adoniram*, (1) comme je l'ai déja observé dans ma Préface : & Joseph l'Historien l'appelle *Adoram*, ( 2 ) & non pas *Hiram*, ni *Adora*, ni *Adonira*.

Mais ce n'est pas la seule différence, qui se trouve entre son Histoire, & la mienne. J'ai admiré chez lui bien d'autres nouveautés aussi essentielles, & aussi intéressantes. 1°. Il dit, que c'est à coups de marteau, qu'*Adoniram* fut assassiné, tandis que je le fais périr à coups de boulin. 2°. Que ses assassins attendirent la nuit pour l'enterrer : & je donne à penser, qu'ils l'enterrerent de jour. 3°. Que celui qui le prit par les deux premiers doigts, & ensuite par le poignet, ne lui enleva que la peau de dessus les Os? Et je prétends, qu'il lui arracha les deux doigts, & le poignet en entier. 4°. Que le mot *Makbenak*, que ce Maître prononça alors, signifie non seulement, comme

(1) Voyez la Bible, 3e. L. des Rois, C. 5. V. 14.
(2) Voyez l'Histoire des Juifs écrite par Joseph, L. 8. Ch. 2.

je l'ai dit, *la Chair quitte les Os*, mais aussi, *le Corps est corrompu.* 5°. Que tous les Maîtres, qui assisterent aux funérailles d'*Adoniram* avoient des Gants, & des Tabliers de peau blanche, *pour marquer qu'aucun d'eux n'avoit trempé ses mains dans le sang de leur Chef.* Voilà toutes les merveilles, que son Histoire contient de plus que la mienne. Malgré cela on voit bien, qu'il ne l'a pas puisée dans le Thalmud, & qu'il ne parle que d'après mon Catéchisme. On y reconnoît mes phrases, qu'il a seulement retournées, ou estropiées pour leur donner un air de nouveauté, ainsi que dans la description, qu'il fait des cérémonies de la Réception de l'Apprentif-Compagnon, & de celle du Maître. N'est-il pas trop singulier, que quatre ans après la première, & la seconde édition de mon Catéchisme, (1) ou dans l'une, & dans l'autre j'ai rapporté l'Histoire d'*Adoniram*, l'*Anti-Maçon* s'avise de la donner au Public comme une Piéce nouvelle, & qu'il croye par ce moyen

_______

(1) La première a paru en 1744. La seconde en 1747 ; & l'*Anti-Maçon* en 1748.

*là avoir porté un coup affez fâcheux à l'Or-*
*dre vénérable.* L'action eſt-elle bien glo-
rieuſe pour lui ? N'eſt-ce pas battre les
gens après leur mort ? Pour qu'on pût
lui pardonner cette petite vanité, il ne
falloit pas du moins convenir, qu'il
avoit vû mon Catéchiſme imprimé
avant que ſon Livre le fût, & même
qu'il l'avoit copié. Alors en ſuppoſant,
que de bonne foi il ignoroit ſon éxiſ-
tance, on auroit ri ſeulement de la
bévûë ſans lui en faire un crime. Mais
il a voulu, à quelque prix que ce fût,
dévoiler à ſon tour les Myſtères de la
Maçonnerie, *& comme ſes nouvelles dé-*
*couvertes données par forme de ſupplément*
*n'auroient été, qu'un ouvrage coupé, ſans*
*ſuite, & qui ſéparé de mon Catechiſme*
*n'auroit rien ſignifié,* il a jugé à propos,
pour qu'il ſignifiât quelque choſe, d'y
joindre les trois quarts de mon Livre.
La précaution n'eſt pas mauvaiſe. Mais
eſt-elle bien légitime ?

Il convient dans ſon Catéchiſme, que
le mot des Apprentifs eſt le mot de cette
Colomne appellée dans l'Ecriture *Ja-*
*chin*, & il prétend cependant, que leur

vrai mot devroit être *Sakin*. Ce ne seroit donc plus le nom de la Colomne,
ou la Colomne s'appelleroit aussi *Sakin*, & non pas *Jachin*, comme l'E-
criture le dit. ( 1 ) Que ce Plagiaire
s'accorde donc, s'il le peut, avec lui-même, & avec l'Ecriture. Au reste n'auroit-il pas dû nous citer l'Auteur ou la
révélation, qui l'autorise à réformer ainsi la Bible ? Car il se trouvera peut-être
des gens assez prévenus pour s'en rapporter plutôt à l'Ecriture Sainte qu'à
lui. Quoiqu'il en soit, s'il ose en im-
poser sur des faits aussi aisés à éclaircir,
que pensera-t-on après cela de tout ce
qu'il contredit dans mon Catéchisme ?

Ce sçavant & profond *Anti-Maçon*
donne aux Maîtres, pour mot de passe, *Giblin* : & moi *Giblos*. Il prétend,
que le nom d'un Franc-Maçon est *Ga-
baon*, & moi *Gabanon*. Il assure, que son
fils doit s'appeller *Lufrau*, & non pas,
dit-il, *Loufufrau* ni *Couveteau*. Mais je
ne nomme point ainsi ce dernier. A qui
impute-t-il donc cette faute ? D'ail-

(1) Voyez la Bible, troisiéme Livre des Rois,
Chap. 7. Vers. 21.

leurs en la relevant, pourquoi laiffe-t-il échapper celle, que, felon lui, j'ai fans doute faite de le nommer *Lufton* ! Quant à ces mots factices, l'*Anti-Maçon* a beau jeu, il peut avancer tout ce qu'il lui plaira, fans craindre d'être réfuté par une plus grande autorité que la fienne. Mais n'ai - je pas le même avantage ? C'eft au Public à s'en rapporter à celui de nous deux, qui lui paroîtra le mieux inftruit, & de meilleure foi. Si ceux qui me donneront la préférence font dans l'erreur, j'ofe les affûrer, qu'ils auront cela de commun avec la plus grande partie des Francs - Maçons. Je n'avance rien dans mon Livre que je n'aye entendu, & vû pratiquer dans plufieurs de leurs Loges. Doit - on fe piquer de fçavoir leurs Myftères mieux qu'eux-mêmes ?

Quoique mon neuviéme Chapitre enfeigne la véritable manière d'écrire en Franc-Maçon, je n'ai pas prétendu, que ma méthode fût la feule dont on pût fe fervir. Celle de l'*Anti-Maçon*, & bien d'autres, peuvent être également bonnes, quoique différentes,

Mais cette différence ne doit jamais rouler, que fur la diftribution des lettres ordinaires, qu'on met dans les Cafes formées par les deux lignes paralelles perpendiculaires, coupées des deux lignes horifontales auffi paralelles. Or comme l'*Anti - Maçon* ne met dans chacune de ces neuf Cafes, que deux lettres & un point, il employe une figure de plus que moi, compofée de quatre autres différentes Cafes, où il place les quatre dernières lettres, qui reftent en pareil cas.

## F I G U R E S.

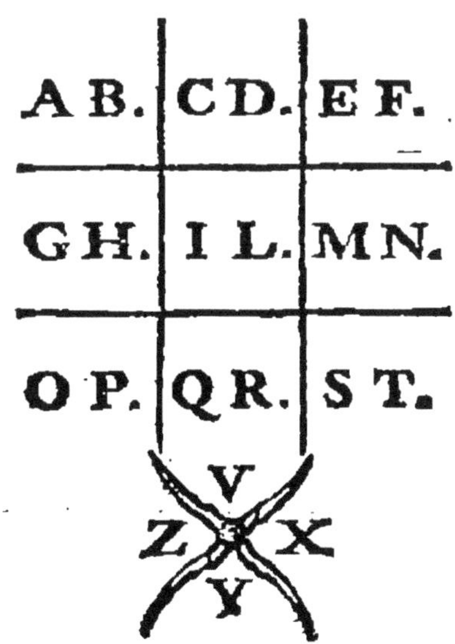

Pour compofer de ces deux Figures
l'Alphabet, qu'elles doivent produire,
il faut, comme je l'ai déja dit dans
mon neuviéme Chapitre, fupprimer
les lettres ordinaires, & repréfenter à
leur place les Cafes où elles font. Celles de la premièreFigure fe diftinguent,
dans leur double emploi, par un point
deftiné toujours à faire l'office de la
lettre, qui le précéde. Moyennant quoi
ces neuf Cafes divifées, fans point, re-
préfentent, chacune en particulier, la
première des deux lettres, qu'elles ren-
ferment, & avec un point elles repré-
fentent la feconde. L'Opération de la
dernière Figuré eft plus fimple. Ses
quatre Cafes divifées font l'office des
quatre dernières lettres, qu'elles contiennent.

*EXEMPLE.*

A B C D E F G H I L M

N O P Q R S T V X Y Z

(43)
Mais, ni cette Méthode, ni la mienne, ne font point une règle générale.
J'ai vû plusieurs Francs - Maçons sup-
primer cette seconde Figure, & placer
comme moi, trois lettres dans quatre
Cases de la première, en distinguant de
même le triple emploi de ces quatre
Cases par un point de plus. D'ailleurs
la distribution de ces lettres est arbi-
traire. On peut aussi bien placer l'Y-
grec, & le Z, dans la première Case,
comme l'A, & le B. Ainsi de toutes les
autres lettres. La liberté de varier leur
arrangement rend cette Ecriture plus
étenduë, & toujours propre au Mystère. Par le secours de cette variété deux
personnes, en convenant d'un arrangement particulier, peuvent encore
s'écrire avec ces Caractères d'une manière fort étrangère à l'*Anti-Maçon*, &
à moi, & même à tous les Maîtres-Ju-
rés Experts de cette Ecriture. Malgré
cela je ne réfute point dans le fond la
Méthode de notre Plagiaire, mais seulement dans la forme. Il veut enfei-
gner ce qu'il ne sçauroit pratiquer lui-
même. Ceux qui voudront se donner

P

la peine de traduire , suivant ses principes , l'Exemple qu'il donne de l'Ecriture Maçonne dans son Livre, pag. 50.
verront qu'au lieu d'avoir mis , comme
il le prétend , ces mots. *Les Francs-Maçons sont tous Frères.* Il a mis , *Letsqbndf
Jacpms sont tous freret* : & si l'on exa-
mine d'aussi près les deux autres mots
écrits en pareils Caractères dans la
merveilleuse Lettre imprimée à la fin
de son Livre , on verra, qu'ils ne signifient rien non plus.

Après son bel Exemple d'Ecriture , il
parle des Signes, des Attouchemens , &
des Mots des Francs-Maçons : & il dit,
*comme les Signes , les Mystères , (1) &
Attouchemens n'ont pas tous été rapportés,
les voici.* Cependant il rapporte exactement les mêmes, que j'enseigne dans
mon Catéchisme. (2) Ensuite il aver-

_______________

(1) Il veut dire *les mots*, sans doute, & non
pas *les Mystères*. C'est une faute d'impression :
& ce n'est pas la seule qu'il y ait dans son Ouvrage. L'Imprimeur semble avoir été d'intelligence avec l'Auteur pour l'en remplir.

(2) Voyez pour les Apprentifs., les Chapitres II. & III. pages 53. 54. & 56. pour les
Compagnons , les Chapitres IV. & V. pa-

tit, à mon imitation, qu'outre ces signes les Francs-Maçons se reconnoissent encore parmi les Profanes par plusieurs autres signes dont le fondement consiste à faire la plus grande partie de leurs gestes, soit en Equèrre, soit en ligne perpendiculaire, ou l'Applomb, soit en ligne horisontale, ou Niveau. N'est-ce pas ce que j'ai dit avant lui en meilleur François dans mon Chapitre VI. page 92? L'idée générale, que je donne de tous ces signes arbitraires, n'est-elle pas même plus précise, & plus étenduë que cela? Il en donne à la vérité plus d'Exemple que moi. Il apprend à faire la révérence, à danser, & à rapporter en Franc-Maçon. Quoique cet Exèrcice ne convienne guère qu'à un Barbet, le voici tel qu'il l'enseigne, avec les CHOSES remarquables, qui en dépendent.

*Les Francs-Maçons*, dit-il, *se saluent en tirant le Chapeau horisontalement à la hauteur de la tête, jusqu'à ce que le bras soit élevé depuis le coude perpendiculairement, & forme l'Equèrre avec le surplus du*

ges 69 & 73. & pour les Maîtres, les Chapitres VI. & VII. pages 81. 89. 90. & 99.

bras. C'est le premier tems. Ensuite ils laissent tomber le bras tout droit sur la cuisse. C'est le second tems, & remettent leur Chapeau de la même manière. Il y en a qui ne font que le premier tems.

S'ils veulent présenter quelque CHOSE à un Frère, ils observent, autant qu'il est possible, de tenir la CHOSE, qu'ils présentent avec le pouce, & l'index, qui est plié, les trois autres doigts étendus, & serrés; enforte qu'ils forment l'Equèrre avec la partie de l'index, qui est plié : pour tous ils approchent la CHOSE qu'ils veulent présenter, soit par un Zigzag, pour marquer l'Equèrre, soit par une ligne horisontale, qui marque le Niveau.

S'ils prennent quelque CHOSE, comme à Table, le Couteau, le Verre, ou autre CHOSE, ils portent la main horisontalement jusqu'au dessus de ce qu'ils veulent prendre, la laissant tomber perpendiculairement dessus, ils la relèvent, & retirent de même. Ils observent la même CHOSE, en remettant ce qu'ils ont pris. Quel prodigieux Ecrivain ! En si peu de lignes peut - on mettre tant de CHOSES ? *Si un Franc-Maçon,* con-

tinuë-t-il , préſente du Tabac à un autre ;
il frappe deux petits coups ſur le couvercle
de la Tabatière avec le premier , & ſecond
doigt , & un troiſiéme un peu plus fort
avec les trois doigts , le tout d'une façon
peu ſenſible , enſuite ouvre la Tabatière , &
la préſente de la manière ci-deſſus.  Celui
à qui on en préſente porte ſa main horiſon-
talement au deſſus de la Tabatière , la laiſſe
tomber perpendiculairement , & en tenant
le tabac entre le pouce & l'index , qui ſe
trouve plié comme ci-deſſus , & les trois
autres doigts étendus & ſerrés pour former
l'Equèrre , il retourne la main de ſorte
que le dedans ſe trouve en haut , & le dehors regarde la tèrre , le tout en trois tems
le moins diſtingués qu'il eſt poſſible.

Lorſqu'un Franc-Maçon s'eſt ſervi de
ſon mouchoir , ce qui ſe fait de la main
droite , avant de l'envelopper avec l'autre
main pour le reſſerrer , il lui fait faire ſans
le quitter , un ou deux tours autour de ſa
main droite.

Un Franc-Maçon qui veut ſe faire reconnoître en arrivant dans une Ville , obſerve, en marchant, de mettre un de ſes pieds
en ligne droite devant lui , l'autre en de-

*hors, imitant autant qu'il peut l'Équèrre,
&c.....* Que de puérilités ! Ne suffit-
il pas de sçavoir surquoi roulent ces
signes arbitraires pour pouvoir en
composer un Dictionnaire aussi gros
& aussi inutile que celui de * * * * * *

Tout ce que l'*Anti-Maçon* me reproche de plus grave, c'est que, dit-il,
*je ne donne pas parfaitement dans mon Li-
vre, l'usage de tous les signes des Francs-
Maçons, qu'il ne contient pas toutes les
Questions de leur Catéchisme, que muni
de la science qu'il donne, un Profane de sa
connoissance s'étant présenté en Loge pour
y entrer fut refusé, n'ayant pû répondre à
une question, que j'y ai obmise.* Elle est en
gros caractères dans l'addition qui suit.
Mais l'*Anti-Maçon* pense-t-il, que ce
refus ait été fondé sur un principe bien
juste, & bien raisonnable? Croit-il que
cette question ne pût, & ne dût étre
ignorée d'aucun Franc Maçon ? En ce
cas il se trompe lourdement. J'en connois un grand nombre à qui elle est
fort étrangère. Ainsi dans cette Loge
l'entrée, sans doute, leur eût été re-
fusée comme à ce *Profane.* Celui-ci n'a

donc pas lieu pour cela de se plaindre de moi, non plus que les autres. Je ne leur ai pas promis, qu'en pratiquant ce que mon Livre enseigne ils entreroient en *Loge* plus aisément, que des Francs-Maçons mêmes. Il n'appartenoit qu'à l'*Anti-Maçon* de les flatter d'un pareil avantage.

Mais cette Histoire me paroît aussi apocryphe, que celle de son Manuscrit, qu'il dit *avoir surpris à un homme qui le tenoit d'une femme, qui l'avoit escamoté à son mari Franc-Maçon, & premier sur-veillant de sa Loge.* Au reste quand l'in-téressante, & merveilleuse avanture du Manuscrit seroit vraie, devoit-il seu-lement avoir la pensée de le mettre au jour, sçachant qu'il étoit si conforme à un Livre imprimé depuis quatre ans, & qui, selon lui, *n'a pas eu la réussite, qu'il devoit espérer* ! Quoi qu'il en soit, à son exemple, j'ai pris le parti d'accoller son Ouvrage au mien, par forme de supplément. Il ne doit pas m'en sçavoir mauvais gré. *Ceux qui n'ont pas vû son Livre, & qui peut-être ne le verront jamais, le trouveront ici.* Mais

ils l'y trouveront tel, que l'Auteur l'auroit dû donner, c'est-à-dire, sans les
répétitions qu'il y a faites de ce que j'ai
déja dit ci-devant, & moins surchargé
de fautes, de puérilités, & de menson-
ges. En un mot l'Extrait, que je donne
de cet Ouvrage, y compris ce qui en
entre dans mes Observations, ne contient, que ce qui peut avoir été obmis
dans le mien, de vrai, ou de vraisembla-
ble. Moyennant quoi cet Extrait, comme on voit, se réduit à bien peu de choses. Encore, que l'on ne s'y trompe pas,
je n'ai aucune cèrtitude, que ce qu'il
renferme fasse véritablement partie des
Mystères de la Maçonnerie : & comme
il m'est présentement plus difficile qu'à
tout autre *Profane* d'en avoir la preuve,
étant connu presque de tous les Francs-
Maçons de Paris pour l'Auteur de leur
Catéchisme, & que d'ailleurs je crois,
qu'il est fort inutile d'approfondir cette
matière plus que je n'ai fait, je n'ai pas
jugé à propos de risquer d'être mis sous
la Goutière dont parle l'*Anti-Maçon*,
pour avoir le foible avantage de *l'ap-
prouver, ou de le désapprouver.* l'*Acacia à la*

*main.* Cependant je ne doute pas, que les *Profanes* curieux d'en faire l'expérience, n'en viennent à bout fort aisément, sans courir aucun danger, en suivant exactement l'avis, que je leur donne après ma Préface page 22.

XXXXXXXXXXXXXXXXXXXXXXXX

# ADDITION

*Aux Catéchismes des Apprentifs, des Compagnons, & des Maîtres, tirée de l'Anti-Maçon.*

*Demande.* EStes - vous Franc - Maçon ?

*Réponse.* Mes Frères, & Compagnons me reconnoissent pour tel.

*C'est ainsi que l'on répond en présence des Frères seulement, & sur tout bas à l'oreille ; mais devant les Profanes, on se contente de répondre :* je me fais gloire de l'être ; *& l'autre réplique :* & moi je suis charmé de vous connoître.

D. A quoi connoît-on un Maçon ?

R. Au signe, à l'attouchement, & à la parole. *Quelques uns ajoûtent ;* & aux circonstances de ma réception.

D. Où avez-vous été reçu ?

R. Dans la Loge juste & parfaite.

D. Dans quelle Loge ?

R. Dans la Loge de Saint Jean.

*C'est toujours ainsi qu'on répond en public : parce que c'est le nom de toutes les Loges : mais entre les Francs-Maçons ils distinguent les différentes Loges d'une même Ville par le nom des Maîtres.*

D. Où est-elle située ?

R. Dans la Vallée de Josaphat en Terre Sainte.... *D'autres répondent ; sur* le sommet d'une haute montagne, au fond d'une grande Vallée, où jamais Coq n'a chanté, Femme n'a habité, Lion n'a rugi ; en un mot où tout est tranquile comme dans la Vallée de Josaphat..... *Expresse figure pour marquer l'ordre & la paix qui regnent dans les Assemblées Maçonnes, & le soin qu'on a d'en exclure les Femmes.*

D. De quoi est vétu le Grand Maître?

R. D'Or, & d'Azur, ou d'un Habit jaune avec des Bas bleux...... *Allusion à la tête du Compas, & la Houpe d'Or,* (1) *ou du moins dorée, que le Grand*

_________

(1) Cette *Houpe* est sans doute encore une

*Maître porte au bas de son Cordon, &*
*aux deux pieds du Compas, qui sont de*
*Fèr, ou d'Acier brasé ; c'est aussi ce que*
*signifient l'Or, & l'Azur.*

D. Quel âge avez-vous ? . . . *Cette*
*question est faite, pour sçavoir si celui*
*qu'on interroge est Maître, ou non, ainsi*
*il répond suivant sa qualité.*

*R.* Moins de sept ans ( *s'il n'est pas*
*Maître* ) sept ans, & plus ( *s'il l'est* )
*parce que, suivant l'ancienne institution,*
*il falloit avoir été sept ans dans l'Ordre*
*avant d'être reçu Maître.*

D. Quelle heure est-il ?

*R.* Midi ( *si c'est le matin* ) Midi
plein ( *si c'est l'après-diné* ) Minuit ( *si*
*c'est le soir* ) Minuit plein ( *si c'est après*
*Minuit.* )

D. Avec quoi travaillez-vous ?

*R.* Avec la Chaux, ou le Mortier,

faute d'impression, ou une nouvelle preuve de
l'ignorance, ou de la mauvaise foi de l'*Anti-*
*Maçon.* Je n'en ai jamais vû porter, ni entendu parler en aucune Loge, à aucun Maçon ;
& il est certain, que le Grand Maître ne met
au bas de son Cordon bleu, ou rouge, s'il
est Maçon Ecossois, qu'une Equèrre d'or, à
laquelle il joint quelquefois un Compas.

la Bêche, & la Brique, qui signifient la liberté, la constance, & le zèle. . . . *D'autres répondent* : J'ai travaillé avec de la Craye, qui signifie zèle, avec du Charbon, qui veut dire ferveur, & avec une Tèrrine, qui signifie constance.

D. LORSQU'UN MAÇON SE TROUVE EN DANGER, QUE DOIT - IL FAIRE POUR APPELLER SES FRERES A SON SECOURS?

R. Il doit mettre ses deux mains jointes sur la tète, les doigts entrelassés, & dire, *à moi les Enfans*, ou *fils de la Veuve*.

D. Que signifient ces mots ?

R. Comme la femme d'*Hiram* se trouva veuve, quand son mari fut massacré. Les Maçons, qui se regardent comme les descendans d'*Hiram*, (1) s'appellent *fils*, ou, *Enfans de la Veuve*.

D. Quelle est la peine d'un *Profane*, qui se glisse dans une Loge?

R. On le met sous une Goutière, une Pompe, ou une Fontaine, jusqu'à

(1) C'est d'*Adoniram* dont notre Plagiaire veut parler.

ce

ce qu'il soit moüillé comme une soupe, depuis la tête jusqu'aux pieds. *La comparaison n'est pas noble, mais elle est apparemment consacrée au Mystère. Sans cela l'Anti-Maçon en eût-il jamais fait une pareille ?*

✳✳✳✳✳✳✳✳✳✳✳✳✳✳✳✳✳✳✳✳✳✳✳✳✳

# REMARQUES

*Sur certains usages particuliers à la Maçonnerie, tirées de l'Anti-Maçon.*

1°. IL y a des Frères, qui dans les Lettres, qu'ils s'écrivent, mettent une Equèrre, un Compas, ou quelqu'autre symbole de l'Ordre au-dessus, & à côté de leur signature. C'est ainsi, qu'en a usé l'Auteur du *Secret des Francs - Maçons* ; mais c'est un abus continué par l'ignorance, ou l'ostentation des Novices. Un Franc-Maçon bien instruit, qui écrit à un Frère, ne doit employer, que cette formule : *Je vous saluë par le nombre ordinaire,* &c. &c. &c. Ce nombre ordinaire eft trois : mais quand c'eft une *Loge*, qui écrit à une autre *Loge*, alors on y ajoûte, quelqu'un des fymboles dont j'ai parlé, & on met à l'infcription, ou à la fin de la Lettre, le mot *Monfieur*, en équèrre, comme on le voit ici, *Monfieur*.

2°. Les Francs-Maçons, *Frères fervans*, ne doivent jamais être ni Compagnons, ni Maîtres, & dans chaque *Loge* il y en a toujours au moins un, qui eft Bédeau de la *Loge*. (1)

3°. Pour être membre d'une *Loge*, il faut avoir fa demeure dans le lieu de la *Loge*, un établiffement, & dequoi fournir aux contributions, qui fe font tous les mois, & tous les jours d'affemblée. Ceux-là peuvent afpirer aux dignités. Ordinairement on eft mem-

(1) Je ne fçais fi cette charge eft ancienné, ou de nouvelle création, mais j'ai toujours ignoré, jufqu'à préfent, qu'il y eûtdes *Bedeaux* en *Loge* comme aux Eglifes. L'*Anti-Maçon* qui a fait le premier cette belle découverte, ne devoit-il pas nous apprendre, quelles font fes fonctions, fes revenus, & fes prérogatives ?

bre de la *Loge* où l'on a été reçu. On
peut cependant devenir membre d'une
autre *Loge*, en changeant de demeure.

4°. Un *Frère - Vifiteur*, qui s'annonce à la *Loge* comme Maître, fubit l'e-
xamen fuivant.

Il frappe trois coups à la première
porte : & lorfqu'on lui a ouvert, il dit;
*je fuis Frère & Maître.* Un des Apprentifs, qui font garde à la porte, l'annonce à la *Loge*. Auffitôt le Grand
Maître envoye l'examiner fur le Catéchifme, fur l'Attouchement du poignet, & fur les cinq points de la Maîtrife, qui font de fe joindre pied contre pied, genoüil contre genoüil, poitrine contre poitrine, joüe contre
joüe, de fe paffer réciproquement le
bras gauche par deffous l'épaule droite, & de s'appuyer la main gauche en
forme de Sèrre fur le dos, qui font les
Cérémonies ufitées à la Réception des
Maîtres.

Si le *Frère-Vifiteur* fatisfait à tout,
on l'introduit dans la *Loge*, dont on
fait fortir tous les Apprentifs, & Com-

pagnons. Le Grand Maître ordonne au premier Surveillant de lui faire répéter les Attouchemens, qu'on lui a fait faire dans l'Antichambre, après quoi il lui dit de prononcer le mot de Maître. L'illustre Etranger sépare ce mot en disant : *Mak*, tout bas à l'oreille droite du Grand Maître, & *benak* à sa gauche ; cela fait, on le traite avec toute la cordialité possible, &c.

❖❖❖❖❖❖❖❖❖❖❖❖❖❖❖❖❖❖❖❖

# EXTRAIT D'UNE LETTRE
## D'un Franc-Maçon
### *A un Frère nouvellement reçu.*

Suite de l'Anti-Maçon.

JE vous envoye, comme vous me le demandez, les pas d'Apprentif, (1) de Compagnon, & de Maître,

(1) Ce pas varie dans plusieurs *Loges*, ou pour mieux dire la manière de présenter le corps au *Vénérable* en le faisant ; car le pas est toujours le même. Les uns le font faire selon le plan, que j'en donne ici tiré de l'*Anti-Maçon*, & les autres comme je l'enseigne Chapitre second, page 49.

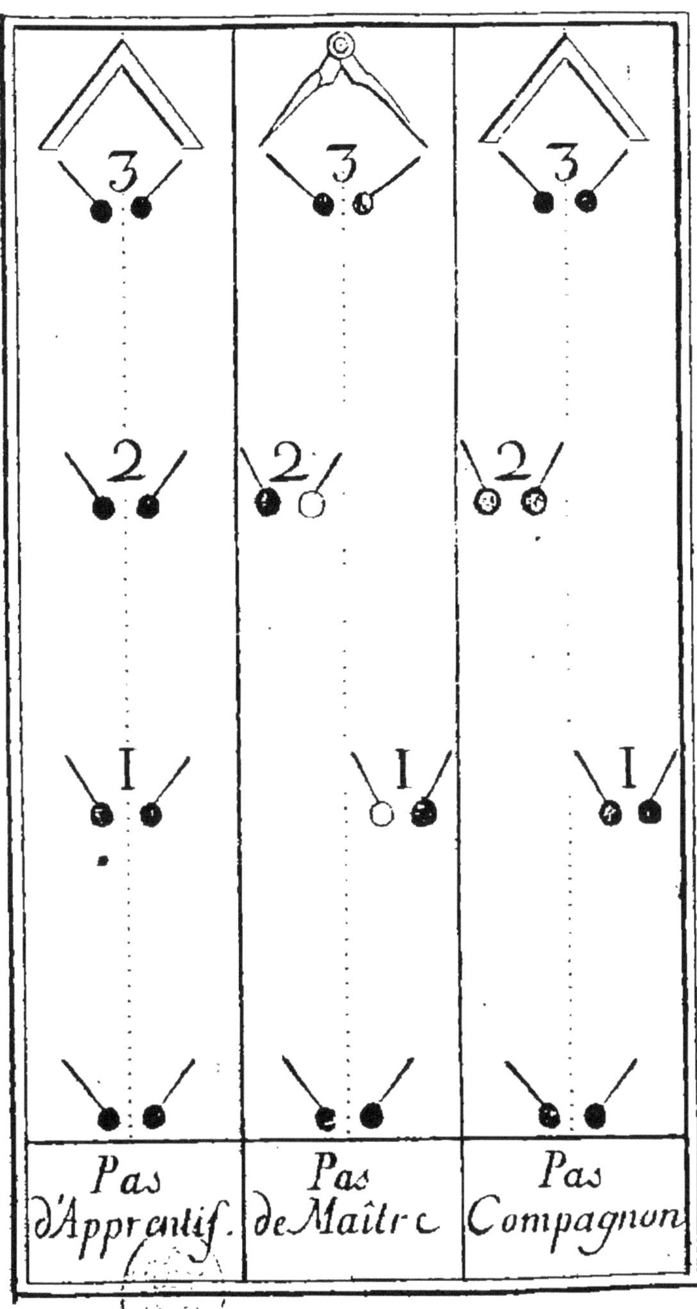


3
3
3
2
2
2
I
I
I
Pas
d'Apprentif.
Pas
de Maître
Pas
Compagnon

tracés par principes de Chorégraphie, pour vous les rendre plus fenſibles. Chacun de ces pas, comme vous ſçavez, ſe commence des deux pieds ouverts en Equèrre. Ceux d'Apprentif ſe font en ligne droite, & les pieds également poſés par tèrre, toujours en Equèrre cependant. C'eſt par eux que le premier ſurveillant vous a conduit de l'entrée du Temple juſqu'à l'Autel; comme vous étiez dans les ténébres, & qu'en qualité de *Profane* il n'y avoit rien de ſacré pour vous dans le Temple, vous avez marché à plat, & en ligne droite ſans éviter les bijoux. Ceux de Compagnon ſe font le premier à droite, le ſecond à gauche, & le troiſiéme en devant. C'eſt par-là que vous êtes parvenu à l'Autel. Par le premier pas vous êtes parvenus à la Colomne I. Par le ſecond à la Colomne B. & le troiſiéme vous a approché de l'Autel. Pour lors vous avez évité de marcher ſur les Bijoux, qui vous étoient devenus reſpectables. Ceux de Maître ſe font comme ceux de Compagnon, excepté que dans le premier pas, le pied gau-

che a dû être en l'air, & dans le second, le pied droit pour ne point marcher fur le Tombeau d'*Adoniram* : &
j'ai marqué par un Zéro blanc les pieds
qui ne doivent point pofer à tèrre,
&c. . . .

# AVEUX SINCERES
## DES FRANCS-MAÇONS.

# CHANSON
*Tirée de l'Anti-Maçon.* Sur l'air :
*V'là c'que c'eft q'd'àller aux Bois.*

Dans nos Loges, nous bâtiffons,
V'là c'que c'eft q'les Francs-Maçons.
Sur le plaifir nous élevons
  Tous nos édifices,
  Et blâmant les vices,
Sans fcrupule nous les fuivons,
V'là c'que c'eft q'les Francs-Maçons.

Les *Profanes* nous attrapons, V'là, &c.
Sous ces dehors hous les trompons :

( 61 )

Par maintes careſſes,
Et belles promeſſes,
Dans nos piéges nous les prenons, V'là, &c.

En public nous diſſimulons, V'là, &c.
De beaux ſecrets nous ſuppoſons,
Et d'une chimère,
Faiſant un myſtère,
Les curieux nous attirons ; V'là, &c.

Gravement nous les admettons, V'là, &c.
De métaux nous les dépouillons,
Par cette fineſſe,
De force, ou d'adreſſe,
La bourſe à fond nous leur vuidons, V'là,

A la fin nous nous attablons,
Et V'là l'but des Francs-Maçons :
Là Dieu ſçait comme nous mangeons,
Et vuidons les vèrres,
Aux dépens des Frères,
Que par ce nom nous endormons,
V'là l'Secret des Francs-Maçons.

Tous nos Frères-nous chériſſons,
V'là la vertu des Francs-Maçons,
Les autres nous les mépriſons,
Et tous gens d'élite,
Malgré leur mérite,
Toujours nous les méſeſtimons,
A moins qu'ils n'ſoient Francs-Maçons.

Cachons-ces obſervations,
Ç'a f'roit tort aux Francs-Maçons,
Il ſuffit bien que nous ſçachions,
Que Maçonnerie,
N'eſt que rêverie,
Dont finement nous profitons,
V'là l'portrait des Francs-Maçons.

*Fin de l'Anti-Maçon.*

# LETTRE

*D'un Ecclésiastique de Paris, à un Curé du Diocèse de Langres.*

J'Ai été très-édifié, Monsieur, de la délicatesse de conscience, que vous avez au sujet de la Société des Francs-Maçons. J'ai souvent ressenti les mêmes peines que vous sur une association de cette nature, qui d'un côté me répugnoit par bien des endroits, & qui d'ailleurs ne laisse pas de faire des progrès, de se répandre dans les Provinces, & d'attirer à elle des personnes de tout état, des Prêtres, & même des Religieux.

J'avois toujours pensé, & je le pense encore, que le mystérieux de cette Société n'étoit qu'un jeu, que le secret qu'on y affecte sur les Assemblées, & les Opérations de la Compagnie, n'avoit aucun objet, que ces Messieurs étoient bien aise de se divertir en amusant le Public, & le tenant dans l'inquiétude sur ce qui se passe dans leurs

Loges. En effet, s'il s'y paſſoit quelque choſe de particulier, il ne ſeroit pas poſſible, vû la multitude de ceux, qui ſont aggrégés à la Société, & le nombre d'années, qu'il y a déja qu'elle ſubſiſte, que le ſecret n'eût enfin tranſpiré. D'un côté la légéreté, & l'indiſcrétion n'auroient pas manqué de faire trahir le ſecret à quelques-uns : de l'autre, le ſcrupule de quelqu'Ame timorée initiée dans ce prétendu myſtère, lui auroit fait faire quelque révélation. On ne me perſuadera jamais qu'un ſecret, qui eſt entre des milliers de perſonnes, ſubſiſte long-temps ſecret.

Cependant comme vous avez quelqu'embarras du côté de la conſcience, ſçavoir ſi vous pouvez admettre aux Sacremens un Paroiſſien, honnête homme d'ailleurs, parce qu'il eſt Franc-Maçon, & qu'il aſſiſte aux *Loges* ; comme de mon côté je ne vois pas clairement par où je pourrois innocenter cette aſſociation, qui m'eſt ſuſpecte par pluſieurs articles ; j'ai conſulté ſix Docteurs de Sorbonne de ma connoiſſance, & les ai priés d'examiner la chofe, & de m'en donner leurs avis. Ils l'ont fait, & je vous envoye leur Délibération. Je fuis, Monfieur, &c.

✳✳✳✳✳✳✳✳✳✳✳✳✳✳✳✳✳✳✳✳✳✳✳✳✳✳✳

# CONSULTATION

*Sur la Société des Frey - Maçons, ou Francs-Maçons.*

CEtte Société eft illégitime par plufieurs endroits.

I. Un fujet ne peut pas, fans péché, s'aggréger à une Société défenduë par le Prince. Celui, qui réfifte aux Puiffances, dit faint Paul, réfifte à l'ordre de Dieu : *Qui poteftati refiftit, Dei ordinationi refiftit.* Or les loix de l'Etat défendent les Affemblées de Francs-Maçons : & elles ont eu plufieurs fois leur éxécution fur cet article d'une manière éclatante, (1) & c'eft avec raifon. Tous attroupemens clandeftins, & fans autorité, fur tout de gens, qui

____

(1) Voyez les deux Sentences de Police imprimées à la fin de cet Ouvrage.

se lient par des sermens, ne doivent
pas être tolérés. Sous le nom de Francs-
Maçons, des mal intentionnés pourront tenir des conventicules séditieux,
& tramer contre l'Etat.

L'autorité Ecclésiastique vient ici à
l'appui de la Puissance séculière. Le
saint Père a défendu les assemblées de
Francs-Maçons, sous peine d'excommunication.

II. Des Chrétiens ne peuvent pas
s'engager par serment, comme font les
Franc-Maçons, à tenir secret ce qui se
passe dans leurs assemblées, & à ne
s'en ouvrir à personne ; non pas même
à ceux qui sont préposés à l'administra-
tion de la Police dans un Etat. Le
Prince, & les Magistrats, ont droit de
connoître tout ce qui se fait dans un
Royaume par plusieurs personnes réü-
nies dans quelque lieu. Chargés d'empêcher tout le mal, qui peut se commettre dans la société civile, ils ont
droit d'interroger des personnes assemblées sur ce qu'elles font. Refuser de
leur répondre, étant interrogé, c'est
désobéir aux Puissances. C'est donc encore

core un plus grand mal de s'engager par ferment à cette défobéïffance for-melle, qui renferme un mépris de l'au-torité établie de Dieu.

D'ailleurs, ou ce qui fe fait chez les Francs-Maçons eft innocent, ou il eft mauvais. S'il s'y fait de mauvaifes cho-fes, les Francs-Maçons font condam-nés par cela feul : & le ferment, qu'ils font de ne révéler rien de ce qui fe paffe chez eux, eft une profanation très-criminelle du ferment, qui de fa nature eft une chofe fainte, & un acte très-refpectable de Religion, & qui dans l'hypothéfe eft employé à couvrir des crimes. Que fi tout ce qui fe fait dans ces affemblées eft innocent, fous quel prétexte s'engage-t-on à n'en ja-mais rendre compte, même aux Supé-rieurs? Or un ferment fait fans aucune néceffité, ni aucune utilité, eft encore un péché grief condamné par le deu-xiéme Commandement du Décalogue: *Tu ne prendras pas le Nom de Dieu en vain.*

Si ce ferment eft criminel, par rap-port à fon objet, il eft téméraire, par rapport à la perſonne qui le fait, & par conſéquent très-blamable par cette nouvelle raiſon. Les Francs-Maçons, en entrant dans la Socięté, s'engagent par ſerment au ſecret, avant que de ſçavoir, ni de près, ni de loin, dequoi il s'agit, quelles ſont les pratiques de la Compagnie, ce qui dans la ſuite des tems pourroit s'y faire, & s'y introduire de nouveau. La prudence chrétienne, ni une conſcience timorée, ne permettront jamais de ſe lier par ſerment à une choſe, qui pourroit être mauvaiſe, & criminelle par l'événement; comme de garder le ſecret ſur des objets, qui ſeroient contre le bien de la Religion, & de l'Etat. La probité toute ſeule y répugne. Jamais homme d'honneur n'a fait un ſerment vague, ſans ſçavoir ce qu'on lui fait jurer.

III. Il ſe répand différens bruits de ces aſſemblées. Suivant ces bruits, les aſſemblées de Francs-Maçons ont des pratiques repréhenſibles, peu convenables au reſpect dû aux choſes ſaintes, ſuperſtitieuſes, ſcandaleuſes même

par le mélange du facré , & du comique : telles que font celles-ci, que rapporte le Livre intitulé, *le Secret des
Francs - Maçons*, imprimé en 1744.
Être introduit les yeux bandés , & le
genou droit nud ; être dépoüillé de
tout ce qu'on peut avoir fur foi de métail, boucles, boutons, bagues, boë-
tes , &c. être promené trois fois , les
yeux toujours bandés , autour d'un ef-
pace où font deffinées par terre les
deux colomnes du Temple de Salomon , avec la première lettre de leurs
noms, *Jakin* & *Booz*, c'eft-à-dire, un
J , & un B ; être préfenté à l'affemblée
des Frères , tous revêtus du tablier
blanc , & armés de la truelle , comme
des gens dévoués à rebâtir un jour le
Temple de Salomon ; être interrogé
par le Préfident fort férieufement fur
fa vocation , fçavoir fi on croit l'avoir ;
mettre à genou la main fur le Livre
du faint Evangile , ouvert & placé fur
une efpèce de petit Autel; & le refte
de la Cérémonie ridiculement férieufe,
laquelle fe termine, comme toutes les
Affemblées des Frères , par un repas

où on ne se propose, que de se bien réjouïr, où l'on boit différentes santés, entr'autres celle de la Franche-Maçonne, c'est-à-dire, de la femme du nouveau reçu, ou de sa bonne amie, s'il n'est pas marié : & cela accompagné de chansons à boire : *munis d'un rouge bord, jouissons des plaisirs de la vie,* &c. On demande, qu'est-ce que les Colomnes mystérieuses du Temple auguste, & sacré de l'ancienne Loi ont affaire ici, & encore plus le Livre adorable de l'Evangile, au milieu de tout ce Cérémonial comique, & superstitieux, de ces Chansons bacchiques, de ces Rasades profanes, de ces Santés à double entente ? Voici maintenant la réflexion, qui se présente naturellement sur ces récits, qui se sont répandus. Soit que ces bruits soient vrais, soit qu'ils soient faux, des Chrétiens, sur le compte desquels ils courent, sont tenus en conscience de lever le scandale, qui retombe sur eux aux yeux du Public. Comme la Religion prononce malheur contre quiconque est cause de scandale, les Francs-Maçons, s'ils n'ont pas entiérement dépofé le perfonnage de Chrétiens, doivent fe juftifier de toutes ces chofes, qu'on débite à leur fujet, & ne pas laiffer le Public prévenu, qu'ils ont des pratiques irrégulières, fuperftitieufes, &c. A plus forte raifon ceux qui ne font pas encore aggrégés, ne doivent point entrer dans l'affociation, tant que ces foupçons fubfiftent.

Ceci eft encore bien plus vrai fur un article, qui paroît certain, & qui eft-avoué par les Francs-Maçons : fçavoir, que le ferment qui s'y fait de garder le fecret, emporte la peine de mort fi on le viole. Voici la formule du ferment, telle qu'elle eft imprimée dans le Livre que l'on vient de citer, & telle qu'elle eft rapportée par quelques bons Chrétiens, qui ont cru devoir confulter des Docteurs, dans le doute où ils étoient, s'il n'avoient point offenfé Dieu en prêtant ce ferment. A l'entendre, il fait frémir. *En cas d'infraction, je permets que ma langue foit arrachée, mon cœur déchiré, mon corps brûlé, & réduit en cendres, pour être jettées au vent, afin qu'il n'en soit plus parlé parmi les hommes. Ainsi Dieu me soit en aide, & ce saint Evangile.* Ici l'iniquité n'est point équivoque : elle saute aux yeux. Car de qui cette Société tiendroit - elle le droit de punir de mort les infracteurs du secret ? Est-ce de Dieu ? Il n'a point parlé à ces Messieurs, & ne leur a point donné une mission extraordinaire. Est-ce du Prince ? Bien loin de les autoriser dans cette prétention exorbitante, il a interdit leurs associations. Seroit-ce du Particulier qui est reçû, & qui en faisant le serment, acquiesce à la peine de mort, & donne droit par-là à l'Ordre de le mettre à mort ? Mais qui ne sçait, que nul particulier n'a droit sur sa propre vie, ni pour se l'ôter, ni pour donner pouvoir à un autre de la lui ôter ?

Ceci doit suffire pour montrer par combien d'endroits la Société des Francs-Maçons est illégitime, & interdite à tout bon Chrétien.

Ce ne seroit pas une bonne défense, que de dire, que l'objet de cette

Confraternité est louable : sçavoir, d'assister dans l'occasion tous les Frères, sans distinction d'état, & de condition, de donner des secours, & d'argent, & de bons offices à tous ceux, qui se font connoître pour être de la Compagnie, par le mot du guet, qui est convenu, ou quelque signal, *manuel*, *pectoral*, comme s'expriment ces Messieurs.

On leur répond que l'objet, quelque bon qu'il soit en lui - même, ne peut pas rendre bonne une Société, d'ailleurs vicieuse, & réprouvée par les bonnes régles. Les Sociétés de Catilina, & de Cartouche, (qu'on nous passe ces exemples ; nous ne prétendons pas presser la comparaison ) comportoient un semblable engagement de services, d'assistance réciproque ; cependant elles ne changeoient pas pour cela de nature : elles demeuroient toujours ce qu'elles étoient en elles-mêmes. D'ailleurs, d'où peut venir cette idée de s'associer particuliérement dans cette vuë ? On conçoit bien pourquoi des Membres d'une Société particulière formée pour un objet déterminé, telle qu'un Corps de Marchands, &c. s'engageront à s'af- fifter réciproquement dans leurs be- foins. On doit davantage à ceux avec qui on a des liens plus étroits. Mais, qu'il fe forme une affociation de gens inconnus les uns aux autres, dont le but foit uniquement de fe fecourir ; c'eft ce qui n'eft pas fondé en raifon. Voici pourquoi : la Société, que for- ment entr'eux les Chrétiens, fuffit feu- le pour remplir cet objet de charité. Tout Chrétien eft obligé d'affifter fon femblable, toutes les fois qu'il le peut, & que l'occafion s'en préfente. Ainfi par rapport à cette vuë fpécieufe de charité, qu'alléguent les Francs - Ma- çons, on peut dire, que leur Société eft inutile ; elle eft de trop.

Mais eft-il bien certain, que ce foit- là vraiment la fin, & le but de cette affociation ? On le dit bien : on peut le croire d'un grand nombre de ceux qui y entrent. Mais comme on ne con- noît point les premiers Patriarches de cette confédération, ne pourroit - on pas craindre que de leur part l'inten-

tion ne fût pas fi innocente ? Les Déïſ-
tes, les eſprits forts, les gens ſans religion, ſe ſont multipliés dans ces derniers tems à un point qui fait gémir.
Qui ſçait fi de telles gens n'ont point
quelque part à cet établiſſement ?
Ayant une fois cimenté cette aſſociation ſous de beaux prétextes, ils pourront bien dans la ſuite faire couler
dans l'ame des Frères le poiſon de leurs
déteſtables principes. Ce qui confirme
ce ſoupçon, c'eſt cette circonſtance
particulière, que tous ceux qui croyent
en Jesus - Christ, de quelque ſecte
qu'ils ſoient, peuvent être admis dans
la Compagnie : ce qui ſuppoſe, au
moins, qu'on adopte le Tolérantiſme,
c'eſt-à-dire, la tolérance de toutes les
Religions.

De ces réflexions il réſulte, qu'on
ne doit, ni s'aggréger, ni demeurer
dans cette Société.

*Délibéré à Paris par les Docteurs
conſultés.*

---

# APPROBATION.

J'Ai lû par ordre de Monsieur le Lieutenant Général de Police, un Ecrit intitulé : *Lettre & Consultation sur la Société des Francs-Maçons.* Ce petit Ecrit m'a paru solide & très-judicieux. A Paris ce 3 Novembre 1748.

L'Abbé LE ROUGE.

*Vû l'Approbation, permis d'imprimer, à la charge d'enregistrement à la Chambre Sindycale. Ce 8 Novembre 1748.*

BERRYER.

# LETTRE

De l'Auteur du Catéchifme à un *Profane* efclave de la Raifon, & de la vérité, au fujet de l'Ecrit intitulé, *Lettre d'un Maçon libre, fervant de Réponfe à la Lettre, & à la Confultation anonymes fur la Societé des Francs-Maçons.*

IL vous a paru, Monfieur, que la Confultation fur la Societé des Francs-Maçons étoit fans réplique, & digne de l'approbation, qu'elle a euë de M. l'Abbé le Rouge. Cependant un des membres de la Société qu'elle attaque, a jugé à propos d'y répondre. Mais ce *Vénérable* Ecrivain n'a pas rempli fon objet fort heureufement.

Jamais Maçon ne mérita mieux que lui, le titre de MAÇON LIBRE. Sa Lettre, & les deux difcours qui la suivent, sont des preuves bien convaincantes de la liberté dont il jouït. A chaque phrase, on y reconnoît l'Auteur indépendant de ces régles ausquelles la sévère Dialectique, la Modestie, & la Vérité, assujettissent tous leurs Esclaves, parmi lesquels vous tenez un si beau rang. Quelles prérogatives! Qu'il est avantageux d'être MAÇON LIBRE! Cet Ecrivain nous apprend, qu'il a le bonheur de l'être, & en même temps il nous dit modestement dans le premier de ses Discours, page 14. *Les Maçons libres sont ces Hommes illustres dont parle l'Ecriture, qui sont riches en vertus, & qui s'acquiérent une gloire qui passera a'âge en âge.* Je ne crois pas, cependant, que celui-ci s'en acquière jamais une bien brillante dans la République des Lettres. Tout ce qu'il dit pour combattre la Consultation, n'est pas plus nouveau que solide. Il se sert des mêmes armes, qu'ont en vain employé tant de fois tous les Apologistes de la Société, qui ont écrit avant lui pour la défendre. Il s'en sert même encore avec moins

d'adresse

d'adreſſe qu'eux. Les abſurdités, &
les impoſtures groſſiéres, ſont la baſe
de ſa défenſe. Il ſuppoſe des choſes,
qui n'ont jamais été, & nie les faits les
plus authentiques. *Les Loix de l'Etat,*
avance ce *Vénérable* Auteur, *ne défendent point la Maçonnerie, elles défendent les Aſſemblées clandeſtines dans des
endroits publics.* Eſt-il poſſible, qu'un
MAÇON LIBRE, tel que lui, (1)
puiſſe ignorer les Loix de l'Etat? La
première des deux Sentences imprimées à la fin de cet Ouvrage, lui
donne un démenti à cet égard. Elle
*défend toutes ſortes d'aſſociations, & no-
tamment celles des Francs-Maçons.*

*Je ne connois,* dit-il, *aucune Bulle
enregiſtrée au Parlement, qui ait prononcé la peine de l'excommunication contre
les Francs - Maçons.* Il eſt des profeſ-
ſions où l'on ne parle, où l'on ne reſpi-
re, que formalités : mais il n'eſt point
queſtion de *Bulle enregiſtrée au Parlement* dans la Conſultation. On y ſou-
tient ſeulement, que le *Saint Pere a défendu les Aſſemblées des Francs-Maçons,*

_______
(1) C'eſt un Avocat.

S

*ſous peine d'excommunication*, & rien de plus. Notre VENERABLE MA-ÇON LIBRE prétend prouver le contraire par ce trait tiré de l'Hiſtoire des ouïs-dires. *On dit que l'un des plus dignes Pontifes, qui ait rempli le Siége Apoſtolique, leur a donné des marques de ſon eſtime.* Quand cela ſeroit, qu'en réſulteroit-il ? Si les Francs-Maçons ne doivent pas s'embaraſſer des marques, que le Saint Père leur peut donner de ſon indignation, à moins qu'elles ne ſoient enregiſtrées au Parlement, ils ne ſçauroient tirer nul avantage des marques de l'eſtime, que notre VENERABLE MAÇON LIBRE prétend, qu'ils ont reçuës de lui; car *je ne connois aucune Bulle enregiſtrée au Parlement*, qui en faſſe mention. D'ailleurs, *on dit* eſt un ſot témoignage. C'eſt cependant en vertu de cet *on dit*, que cet Ecrivain défie, avec confiance, les Auteurs de la Conſultation, *de détruire les conſéquences, qui réſultent de ces Obſervations.*

*Avançons, continuë-t-il, & rayons d'un trait de plume les trois quarts de leurs autres Sophismes.* Ne diroit-on pas , à l'entendre , qu'il a déja dit des choses bien concluantes contre la Consultation , & qu'il va achever de la foudroyer ? Non, c'est la Montagne qui accouche d'une Souris.

*Il n'y a point de Société , dit-il , où l'on ne contracte quelques engagemens , où l'on ne promette de se conformer à de certains usages. Le bon sens suffit pour faire sentir la différence qu'il y a entre une pareille promesse , & un serment.* Qu'est-ce que cela conclut ? Ce n'est , que parce qu'on ne sent que trop la différence qu'il y a entre une simple promesse , & un serment , que l'on blâme les Francs-Maçons d'en faire un abominable à leur Réception. Cependant , quoiqu'il nie ce serment , il cherche toujours , en homme prévoyant , à le justifier , en cas de besoin ; & c'est aux dépens des Jesuites qu'il y travaille. Il les accuse de faire un serment aussi vain , aussi ridicule, & aussi criminel , que celui que l'on reproche à sa Société. *On assure , ajoûte-t-il , que lorsqu'un Jesuite est nommé pour tra-*

*vailler au Journal de Trévoux, il est obli-
gé de jurer sur les Exercices spirituels de
saint Ignace, que toutes les fois qu'il
prendra la plume, il dira trois fois, avant
que de commencer à écrire,* EGO SUM JE-
SUITA. C'est, selon lui, M. le Mar-
quis d'Argens, qui rapporte ce trait
dans ses *Lettres Morales, & Critiques
sur les différens Etats, & les diverses oc-
cupations des Hommes.* On connoît cet
Auteur pour un témoin fort suspect à
l'égard des Jesuites. N'est-il pas en effet trop ennemi de la Religion, pour
qu'il ne le soit pas nécessairement de
ceux qui la professent, & la soutiennent
avec tant de zéle, & de succès ? Aussi
de tout temps s'est il déclaré publiquement contre cette Société également
utile, & respectable. Mais en vain, il
a travaillé à diminuer sa gloire : les
coups que lui portent de pareils Adver-
saires, ne font que l'augmenter. D'ailleurs, quand il seroit vrai que les Jesuites fissent ce serment, ce qui n'est
pas, qu'auroit-il de commun avec celui
que font les Francs-Maçons ? Quoiqu'il
en soit, notre VENERABLE MA-

ÇON LIBRE foutient toujours qu'ils n'en font point; & voici la preuve qu'il en donne. *Les Docteurs ano-nymes difent que nous faifons un ferment : ils fondent cette calomnie fur les difcours confus de quelques cerveaux bleffés, & fur de miférables Brochures ; je ne répons qu'un mot : ce prétendu fait eft faux.* Et moi à ce mot, je n'en répons qu'un non plus. Ce prétendu fait faux eft vrai. Je crois que mon affirmation vaut bien fa négation. Au furplus c'eft un fait, que les Francs-Maçons hon-nêtes gens ne nient point : prefque tous en font l'aveu. C'eft même la feule raifon, qu'ils donnent aux Puiffances en droit de les interroger fur ce qui fe paffe dans leurs Loges, de ne pouvoir pas leur en rendre compte. Ceux - là certifieront donc tous avec moi, que cet engagement n'eft pas une fimple promeffe, ainfi que voudroit l'infi-nuer notre VENERABLE MA-ÇON LIBRE, qu'il eft tel, mot pour mot, qu'on le lit dans mon Ca-téchifme, Chapitre II. page 52. & que par conféquent il eft conforme à la

formule rapportée dans la Consultation.

Mais je vous ennuierois trop, Monfieur, fi je voulois répondre ici à toutes les abfurdités, à tous les menfon-
ges, & même aux impiétés dont cette
Lettre eft remplie. Je ne crois pas cette
dernière qualification trop forte. C'eft
une impiété que de méprifer la Religion, & c'eft la méprifer que de dire,
*ne feroit - on pas trop heureux fi la plû-
part des hommes vivoient comme d'honnêtes Payens !* C'eft la façon de penfer
de notre VENERABLE MA-
ÇON LIBRE. Peut - on douter
que ce ne foit auffi fa manière de vivre ?

A l'égard des deux Difcours imprimés à la fuite de fa Lettre, c'eft un
tiffu d'extravagances, qui ne mérite
aucune attention. Enfin c'eft une apologie perpétuelle des Francs-Maçons,
faite par un Franc-Maçon, c'eft tout
dire. On fçait à quel point ces Mef-
fieurs, quand ils s'encenfent eux-mêmes, prodiguent l'Encens, & bravent
les coups d'Encenfoir. Mais pourquoi

ne pas laiſſer à d'autres ce ſoin-là ? Dé-
ſeſpéreroient - ils de trouver des Apo-
logiſtes ailleurs que parmi eux ? Ils
ignorent donc, que le bien que nous
diſons de nous-mêmes, eſt toujours ſuſ-
pect, & n'eſt propre, ordinairement,
qu'à forcer les autres à en dire du mal.

C'eſt, cependant, par le moyen de
ces deux diſcours apologiques, qu'il ſe
flatte d'achever d'anéantir la Conſultation. *Je joins*, dit - il, en finiſſant ſa
Lettre, *je joins à cette Lettre les deux petits Diſcours que vous m'avez demandés ;
les phraſes que j'y ai raſſemblées nous pei-
gnent tels que nous devons être, & forment un contraſte parfait avec la Conſultation*. Cela eſt vrai. Mais, ſans vouloir faire aucune comparaiſon, con-
vaincu même que celle-ci ne ſeroit pas
juſte, du moins à tous égards, ce que
les Templiers diſoient d'eux formoit,
ſans doute, un contraſte parfait avec
ce qu'en diſoient leurs Accuſateurs :
Ce contraſte les a-t-il juſtifiés ? Que
les Francs - Maçons déſintéreſſés, peu
jaloux de leurs Myſtères, & des plaiſirs bacchiques que l'on goute enLoge,

ne s'offenfent pas fi cette idée s'eft préfentée d'abord. Ce n'eft pas eux qu'on a ici en vuë. Mais les Inftituteurs de la Maçonnerie, & leurs dignes Profelytes, ne tenoient - ils pas quelque chofe de cet ancien Ordre ? Et depuis que l'on ne dit plus, *ils boivent comme des Templiers*, ce proverbe, que l'éloignement des temps nous a fait perdre, ne fe remplaceroit-il pas naturellement par celui-ci, *ils boivent comme des Francs-Maçons !*

Comme mon intention a été de raffembler ici toutes les Piéces qui m'ont paru *former un contrafte parfait* avec les deux éloquens Difcours de notre *très-refpectable* MAÇON LIBRE, j'ai cru ne devoir pas obmettre dans ce petit Recueil la Lettre de notre *très-vénérable Sœur Profane* MARIE BONBEC. Son ftile ne fera pas, fans doute, du goût de tout le Monde, furtout de ceux qui n'aiment que le fublime, ou pour mieux dire, que le Phœbus ; car c'eft une Harangere de la Halle, qui parle fa Langue naturelle. Mais ce qu'elle dit dans fon Jargon

m'a paru fort fenfé, & même fans réplique. N'eft - il pas jufte de rendre
hommage à la Raifon dans tous les
Etats où elle fe trouve, de même qu'à
la Beauté ? La raifon a-t-elle toujours
befoin du beau Langage pour plaire ?
Pour moi je la regarde dans la bouche
de pareils gens, comme une jeune, &
belle perfonne en guenille, portant la
Hote, & des Sabots : & je compare
le beau Langage, fans la raifon, à une
vieille & laide Coquette, qui cherche
en vain à nous féduire par des Pom-
pons, du Rouge, du Blanc, & des
Mouches. Ainfi il vaut mieux, felon
moi, entendre une Harangere parler
raifon dans fon mauvais patois, que
d'entendre un *vénérable* Avocat dérai-
fonner en bon François.

On ne peut être , &c.

# LETTRE

## DE MARIE BON-BEC,

### HARANGERE DE LA HALLE,

A l'Auteur des *Réflexions occasion-nées par la Conférence d'un Franc-Maçon, & d'un Profane.*

QUOIQUE je ne soyons qu'une femme de la Halle, je valons note prix comme un aute, & j'ons été, Guieu-marci, un peu éducassée ; mais, comme dit staute, la caque sent toujours le harang : maugré ça, je ne voulons pas ète comme vous Aureur à muchepot. Je vous avartissons que je sommes la fille de la Commere du Gende de la Cousaine gearmine du darnier Mari de la pore défunte DAME CAUCASSE, stella qui fut dépitée de noté Corps, pour aller complimenter Sa Majesté note bon Roi su sa Covaliscence. C'est pour ça que le Chevayer * * *, à qui vous dites tant d'impartinances dans

vote Live, nous a donné la commiffion de vous réponde pour li, difant
que c'étoit de note compitence, & que
j'étions bon l'un pour l'aute. Je vous
regardons, à la varité, comme un des
forts de cheux nous. Mais à bon chat
bon rat, fi vous avez le bec j'avons
l'ongle.

Avant d'entrer dans la maquiere, il
eft bon de vous dire, que j'ons vû tout
ce qui s'eft fait fu la Frimaçonnerie :
tant y a, que j'en fçavons auffi long que
large. Queux go pour nous de fçavoir
vote biau fecret, fans ête obligé de le
garder, & de pouvoir chanter à tous
les Frimaçons de note connoiffance la
p'tite Chanfon que v'ci, fu l'air, *Ma
pinte & ma mie o gué* !

En vain vous êtes jaloux
  De vos biaux Myftères,
Ma foi je les fçavons tous
  Mieux que bian des Freres,
Sans avoir fait le farment
Qu'en Loge i font fottement,
  *J'ons vû la Lumiére*
   *là,*
  *J'ons vû la Lumiére.*

Vous avez biau dire, vous ne nous ferais pas accroire que des v'cies font des lantarnes. Je fçavons, fu le bout de note doigt, le Live de M. l'Abbé Pierrot, vote Catéchiffe, l'hiftoire pitoyabe, & lamentabe d'Abominam, & la fâcheufe avanture de Nicolas Tuyau & de Bourguignon de la Pleume; çtui-ci, & çtui - là font des Saints de vote Orde, qui ne font p'encore calomnifés; mais je fçavons qu'i le s'ront biantôt. Je n'avons point de doutance, que fi l'on vous rend ce qui vous apparquient, vous ne le foyais encore putôt qu'eux ; c'eft ce que je vous fouhaitons avec la Calote que vous dafirez tant, & que vous maritez mieux qu'aucun de vos Freres.

Vos Réfexions, & vote Dialogue, *Vénérabe* Docteur de neige, n'ont ni rime ni raifon : j'ons bian lû des Lives ( car je lifons à nos heures pardues auffi bian que les autes ) mais je n'en ont jamais lû d'auffi pitoyabe que çtui-là. Pour preuve que je penfons comme je difons, j'avartiffons le Public, en chemin f'fant, qu'y a tras
litrons

litrons de ptits pois, & une botte d'ef-
parges à gagner pour çtui-là qui pourra nous en montrer un pu méchant.

Vous dites, & v'là vos tarmes, que
le Chevayer *vomit une fatyre déplacée
contre uue perfonne qui centribue à l'ornement d'un Spectacle dont il tire fa fubfif-
tance :* i me fembe que ce n'eft pas ça
qui pouvoit empêcher le Chevayer de
dégueuler ç'te prétendue fatyre ; car s'il
eft, comme vous le croyais, Sympho-
nifte de l'Opera, ne contribue t'i pas,
auffi bian que çte parfonne, à la biauté
de ce Spectaque ; & s'il y gagne queu-
que chofe, alle y fait encore bian
mieux que li fes orges : tant y a que
Monfieur vaut bian Madame. D'ayeurs
je foutenons que l'Epitaphe que vous
appllez fatyre eft un compliment auffi
bian torné que vote efprit eft mal fait ;
car je fçavons de bonne part, que
quand le Chevayer a fuppofé qu'un
amant étoit mort de la jauniffe pour la
Belle en quefquion, & que fi alle l'eût
mis à même de contenter fon aptit, il
feroit mort d'un aute mal, il entend
qu'il feroit mort pour lor d'une indi-

T

gefquion de plaifir : or l'entente eft au difeux, & i faut toujours torner la medaye du bon côté. Pour vous faire mieux fenti la chofe, j'avons fait ajufter çt'Epitaphe par un Poëte de cheux nous, pour farvir à un de vos Freres, qui de mifare a roidit le jaret dans note garnier, en dépit du faiment que vous faites de vous aïder les uns & les autes; alle l'y va comme de cire ; la v'ci.

Ci git un Franc-Maçon trop bon,
Qui décéda faute de vin, dit-on :
Frères zél.s, refpectés fa mémoire,
Et déplorés fon trifte fort :
Car fi tout à fon aife, helas ! il eût pû boire,
Vous entendez de quel mal il fût mort.

Y nous femblons que vous êtes tout fiar d'avoir de vos Freres au Sarvice du Roi; ma foi vous nous la baillez belle ; fi ça doit vous faire redreffer, j'avons lieu, avec le Chevayer, de nous rengorger encore bian pu que vous ; car je gagerions ma tête à couper, qu'i y a pu de *Profanes*, parmi nos Garriers, que de Frimaçons; mais je ne voulons pas

faire comme la Corneye d'Ifope, qui
fe pare des pleumes d'autri : ainfi je
vous confeillons donc de rayer çte chi-
mare de deffus vos tablettes, auffi bian
que la croyance que vous avez, que le
Chevayer foit homme à s'endormir
quand il s'agit de l'honneur, Je fçavons qu'i ne fe laiffe pas manger la lai-
ne fu le dos. Si vous en doutez, allez
li dire à fa barbe que c'eft un poltron ,
& vous chaufer au coin de fon feu ; je
fommes bian certaine que, *fans préten-*
*de chaffer les mouches qui pourrions ête en*
*ce moment fu vote vifage, i feroit fort ca-*
*pabe de vous y en écrafer quenqu'enne,* &
de vous étryer en chien courtaud.

Vous convenez que la Police défend
vos Affemblées, que maugré alle maugré fes dents, vous ne laiffez pas de tenir vote Sabat, & vous prétendez que
vous n'êtes pas pour ça rebelle aux
Ordes du Roi, parce que vous croyais
que çte défenfe ne viant pas de li en
leigne droite, & qu'à caufe de ça vous
pouvez vous en gobarger ; ça étant ,
la Police a donc tort de vous bailler un
furtout de piarre de taye , quand alle

peut vous attraper : n'allons pas par quate chemins , i faut que la Police ait tort ou vous.

Quoiqu'on prenne les hommes par les paroles , & les bêtes par les cornes , je voulons bian vous prendre encore par les paroles. *Le Chevalier* , dites-vous , *n'eſt guéres François , quand il s'imagine qu'un Roi tel que le nôtre peut avoir des ſujets rebelles.* Balles brides à viaux ! v'là ce qui s'appelle faire le bon Apôtre en dépit du bon ſens. Ne ſçavous pas , pore Frimaçon du quatorziéme *Benedicite* , que le bon Guieu eſt bon , & qu'il a de méchans enfans ?

Je convenons qui y en a beaucoup parmi vous qui maritons l'honneur d'avoir l'avantage de partager la gloire que procure le bonheur d'ête mis en rang d'oignons parmi les meyeurs François. Mais ce ne ſont pas des Frimaçons de vote eſpece , *qui n'eſt que trop commune* , ni des fous & des boute tout cuire , tels que *Nicolas Tuyau* & *Bourguignon de la Pleume* , qui s'entendions comme larrons en foire pour attraper les pores Michés, & qui pe-

nauds comme des Fondeux de cloches,
ne fçavons pu de queux bois faire fle-
che. Les Frimaçons qui pouvons ête
de bons enfans, & que je n'ont pas la
volonté d'offenfer, font ceux-là que la
curiofité feule a fait donner dans vote
pagniau, qui après avoir vu toutes vos
manigances, ont pris de l'avarfion pour
la Frimaçonnerie, & qui moyennant
ça, fans mot dire, rions dans leux
barbe comme des Capucins de bois,
de voir tous vos myfteres fricaffés, &
la Societé s'en aller en brouet d'an-
douille.

Vous prendriais auffitôt la Leune
avec les dents, que de nous faire acroi-
re que vous n'auriais jamais écrit d'impartinances contre le Chevayer, s'il
s'étoit contenté dans fon Live de ne
parler que dé vous & de vos myfteres.
Oh Diable-zot, je ne fommes pas faite
d'aujourd'hy : allez, allez, je voyons
bian où le bas vous bleffe. Vous enra-
gés conte li, & conte nous itout, dé
ce que je fçavons vote fecret, & que
je fommes Saint Jean bouche d'or: je
ne fçaurions qu'y faire. Vous avez fait

ſarment , vous autes Frimaçons , dé
bian cacher toutes vos ſotiſes , & nous
autes *Profanes* j'ons juré, que le premier
d'entre nous qui pourroit lès ſçavoir ,
lès diroit aux autes. Ainſi je ſommes
obligés de parler, & vous de vous tare.

Nicolas ce bon Frere,
Veut que je taſions tous,
Des Maçons le myſtere :
Pourquoi le tarions-nous,
Piſque je n'ons pas,
Nicolas,
Fait de ſarment comme vous ?

Non, ma foy, dà, je ne nous tai-
rons pas, & je voulons en dépit de *Nicolas Tuyau*, & de *Bourguignon de la
Pleume*, depis le matin juſqu'au ſoir,
en écoſſant nos pois , jaſer ſur vote
compte comme dés Pies borgnes, &
nous gauſſer de vous à note gogo. Vous
ne marités pas que je vous minagions,
piſque vous nous reniés pour vos Freres, & que vous dites que je ſommes
des *Profanes* qui ſont dans lés Ténebes.
Tredame, pourquoi ne dirions-je pas
que j'ons *vû la lumiére* auſſi bian que

vous, & que vous êtes des enjoleux &
des fous qui avons montré le cul ?
N'eſt-y pas juſte que je prenions note
revanche ? Il eſt vrai que je vous faiſons pu de tort que vous nous en faites. Dam, ce n'eſt pas note faute ;
après tout, vous en ſerais quitte pour
ne pas faire la torche ſi ſouvent aux
dépens de nos pores d'indons de *Profanes*, & pour tirer le Diable par la
queuë. C'eſt bian triſte pour tous les
bons Freres comme vous qui faiſions
ſi bian venir l'eau au moulin. Je vous
plaindrions ſi j'avions le tems : mais
on crie demain des cotrets à Paris, &
y faut que je nous préparions à re-
prende le coyer de miſare ; c'eſt pourquoi je ne ſçaurions vous en dire davantage. Aguieu donc, Pore Frimaçon ſans çarvelle, point de ranqueune.
*Je vous ſalueons par tras fois tras*, en attendant que je piſſions, ente *l'Equerre
& le Compas*, vous bailler *l'accollade*.

# DE PAR LE ROY,

## MONSIEUR LE PREVOST DE PARIS,

### Ou M. son Lieutenant Général de Police.

# SENTENCE

*QUI défend toutes sortes d'Associations, & notamment celle des Freys - Maçons, & à tous Traiteurs, Cabaretiers, & autres de les recevoir ; & qui condamne le nommé* CHAPELOT, *en mille livres d'amende, & à avoir son Cabaret muré pendant six mois, pour y avoir contrevenu.*

Extrait des Regiftres du Greffe de l'Audience de la Chambre de Police du Châtelet de Paris.

*Du Samedy quatorze Septembre* 1737.

SUR le Rapport à nous fait à l'Audience de la Pólice par Maître Jean de Lespinai, Conseiller du Roi, Commissaire en cette Cour, qu'ayant été informé, qu'au préjudice & contre les dispositions précises des Ordonnances du Royaume, & des Arrêts du Parlement, qui défendent les Assemblées, & toutes sortes d'affociations non autorisées, il se devoit tenir une Affemblée très - nombreuse chez le nommé Chapelot, Marchand de Vin, à la Rapée, à l'enseigne de Saint Bonet, sous la dénomination de Societé de Freys-Maçons, lui Commiffaire fe feroit tranfporté le dixiéme du préfent mois fur les neuf heures & demie du foir avec le fieur Vieret Exempt de Robe-Courte, audit lieu de la Rapée, chez ledit Cha-pelot : où , étant arrivé vis-à-vis la porte de fa Maifon , il auroit vû un très-grand nombre de perfonnes, la plûpart defquelles avoient tous des Tabliers de peau blanche devant eux , & un cordon de foye bleuë qui paffoit dans le col , au bout duquel il y avoit attaché aux uns une Equèrre , aux autres une Truelle , à d'au-tres un Compas & autres Outils fervans à la Maçonnerie, une Table dreffée dans un grand Salon , où il a remarqué de loin qu'il y avoit une très-grande quantité de couverts , très-grand nombre de Laquais & de Caroffes , tant Bourgeois, de Remife , que de Place. Que s'étant adreffé , en premier lieu , à quelques-unes defdites perfonnes ayant lefdits Tabliers , & lui Commiffaire leur ayant fait entendre le fujet de fon tranfport , & repréfenté que ces fortes d'Affemblées n'étoient pas permifes ; une d'elles, à lui inconnuë , lui auroit répondu, que lui , & ceux qui compofoient ladite Af-femblée ne croyoient pas faire mal. Ayant en-fuite fait avertir ledit Chapelot , qui étoit dans la Cuifine, de venir lui parler, & y étant venu, il lui auroit demandé le fujet pour lequel il re-cevoit chez lui une pareille Affemblée, contre les Loix du Royaume , les intentions de Sa Majefté , & les Arrêts du Parlement, & l'au-roit interpellé de lui déclarer les noms & qua-

lités de ceux qui étoient de ladite Assemblée ;
à quoi il auroit répondu, qu'un Particulier,
à lui inconnu, étoit venu commander ledit
souper, sans lui dire pour qui. Qu'il y avoit
dans son Salon de dressé pour eux une Table
de cinquante Couverts ; qu'il ne sçavoit
les noms, ni les qualités des personnes qui
étoient chez lui, qui composoient ladite Assemblée, & qu'elles fussent défendues. Que si
cela avoit été à sa connoissance, il se seroit
bien donné de garde de les recevoir, dont du
tout lui Commissaire auroit dressé ledit Procès-Verbal, du contenu auquel nous ayant
référé le lendemain onze dudit mois de Septembre, nous aurions ordonné que ledit Chapelot seroit assigné, cejourd'hui Samedi, à
l'Audience de Police, à la requête du Procureur du Roi, pour répondre sur le rapport
qui sera fait contre lui ; en exécution de laquelle Ordonnance, lui Commissaire a fait
assigner ledit Chapelot ; à comparoir à cette
présente Audience, par Exploit de Joseph Agnus Huissier à Verge audit Châtelet, en datte
du jour d'hier. Surquoi, Nous, après avoir
oüi ledit Commissaire de Lespinai en son Rapport, & Noble homme Monsieur Me d'Ali-
gre Avocat du Roi, en ses Conclusions, avons
donné défaut contre ledit Chapelot non com-
parant, quoique dûement appellé ; & pour le
profit disons, que les Arrêts du Parlement,
Sentences & Réglemens de Police seront exécutés selon leur forme & teneur ; & en con-
séquence faisons défenses à toutes personnes

de tel état , qualité , & condition qu'elles
foient , de s'affembler , ni de former aucune
affociation , fous quelque prétexte & fous
quelque dénomination que ce foit , & notamment fous celle de Freys-Maçons , & ce fous
les peines portées par lefdits Arrêts & Réglemens. Faifons pareillement très-exprefles in-
hibitions & défenfes à tous Traiteurs , Cabaretiers , Aubergiftes & autres de recevoir lef-
dites Affemblées de Freys - Maçons , à peine
de mille livres d'amende , & de fermeture de
leur Boutique pour la premiere contravention , & d'être pourfuivis extraordinairement
en cas de récidive. Et pour par ledit Chapelot
avoir reçu dans fa Maifon une compagnie de
Freys-Maçons , le condamnons en mille livres
d'amende envers le Roi ; difons que fon Cabaret fera fermé & muré pendant fix mois , ce
qui fera exécuté à la requête du Procureur du
Roi , pourfuite & diligence du Receveur des
Amendes , dont Exécutoire lui fera délivré ;
fur les deniers provenans de laquelle amende ,
avons adjugé audit Agnus Huiffier , cent fols
pour l'Affignation par lui donnée. Et fera notre préfente Sentence , exécutée nonobftant
oppofitions , ou appellations quelconques , &
fans préjudice d'icelles , imprimée , lûe , publiée & affichée par tous les carrefours & lieux
ordinaires , & accoutumés de cette Ville &
Fauxbourgs de Paris , & notamment à la porte
dudit Chapelot. Ce fut fait & donné par Mef-
fire RENE' HERAULT , Chevalier , Sei-
gneur de Fontaine - Labbé & de Vaucreffon ,

Conseiller d'Etat, Lieutenant Général de Police de la Ville, Prevôté, & Vicomté de Paris, tenant le Siége de l'Audience de la grande Police audit Châtelet, le jour & an que dessus.

Signé HERAULT.

***

# DE PAR LE ROY,

## MONSIEUR LE PREVOST DE PARIS,

Ou M. son Lieutenant Général de Police.

# SENTENCE

QUI renouvelle les défenses à toutes personnes de s'assembler, ni de former aucune association, & aux Cabaretiers, Traiteurs & autres de les recevoir chez eux; & condamne le nommé LEROY Traiteur, en trois mille livres d'amende, pour avoir contrevenu ausdites défenses.

Extrait des Registres du Greffe de l'Audience de la Chambre de Police du Châtelet de Paris.

**Du Vendredy dix-huit Juin 1745.**

SUR le Rapport fait en Jugement devant Nous à l'Audience de la Chambre de Police du Châtelet de Paris par Me Charles Elisabeth de Lavergée, Conseiller du Roi, Commissaire au Châtelet de Paris, préposé pour la Police au quartier du Palais Royal, contenant,

nant,

nant, que de tous les tems par les Ordonnances de Sa Majesté, par les Arrêts du Parlement, & les Sentences & Réglemens de Police, il a été défendu à toutes personnes de tel
état, qualité & condition qu'elles soient, de
s'assembler, ni de former aucune association,
sous quelque prétexte, & sous quelque dénomination que ce soit, & à tous Traiteurs, Cabaretiers, Aubergistes, & autres, de recevoir
lesdites Assemblées, & de leur fournir des
repas, à peine d'amende, de fermeture de
leurs Boutiques pour la première contravention, & d'être poursuivis extraordinairement
en cas de récidive, que cependant au préjudice de ces défenses, lui Commissaire a trouvé
le Mardi huit du présent mois, entre onze
heures & midi une Assemblée de quarante personnes de différens états, dans un appartement
à l'Hôtel de Soissons, ruë des deux Ecus, où
il s'est transporté, que la plus grande partie
des personnes qui composoient cette Assemblée étoit emfermée dans une grande Chambre obscure, pour la Réception, ont-ils dit à
lui Commissaire, de trois ou quatre Freys-
Maçons; dans laquelle Chambre & un Cabinet ensuite étant entré, il s'y est trouvé plusieurs choses servant à ladite Réception, que
lui Commissaire a détaillées dans son Procès-
Verbal, & fait enlever, à laquelle Assemblée
Denis Leroi, Maître Traiteur, ruë & Paroisse
saint Germain l'Auxerrois, devoit servir un
diner ledit jour en l'appartement au-dessus,
dans le même Hôtel, à raison de quatre francs

V

par tête , fans Vin , & pour ledit diner ledit
Leroi avoit déja envoyé le linge de Table ,
partie de l'argenterie , & vingt-cinq flambeaux
de cuivre , ainſi qu'il a été dit , à lui Commiſſaire , auquel ledit Leroi en eſt non ſeulement
convenu , mais encore lui a dit , que depuis
ſix mois il avoit fourni à cette même Compagnie , dont il eſt Frère Servant , & dans le même endroit , huit repas , dont du tout lui Commiſſaire a dreſſé ſon Procès-Verbal ledit jour ;
pourquoi il auroit par Exploit de Louis-Fran-
çois de Revel Huiſſier à Verge & de Police ,
en datte du ſeize du préſent mois , fait aſſigner,
à la requête du Procureur du Roi , ledit Denis
Leroi , à comparoir à cette Audience , pour
répondre à ſon Rapport. Surquoi Nous , après
avoir oüi ledit Me Lavergée en ſon Rapport ,
ledit Leroi en ſes Défenſes , & Monſieur
Me Aubert de Tourny , Avocat du Roi , en ſes
Conclufions , ordonnons , que les Arrêts , &
Réglemens du Parlement , Sentences , & Ordonnances de Police concernant les Aſſemblées non autoriſées , & notamment nos Sentences des quatorze Septembre mil ſept cent
trente - ſept , & cinq Juin mil ſept cent qua-
rante-quatre , ſeront exécutés ſelon leur forme & teneur , & en conféquence faiſons défenſes à toutes perſonnes de quelque qualité
qu'elles ſoient de tenir des Aſſemblées , ſous
quelque prétexte que ce puiſſe être , & à tous
Traiteurs , Cabaretiers , & Aubergiſtes de les
recevoir chez eux , & de leur fournir des repas,
même en maiſon étrangere , à peine de trois

mille livres d'amende pour chaque contravention , & d'être procédé extraordinairement
contre les Contrevenans , si le cas y échéoit.
Disons , que les effets trouvés dans les différentes Chambres où se tenoit l'Assemblée dont
il s'agit, sont & demeureront confisqués au
profit du Roi , à l'exception de l'argenterie ,
du linge de Table , & de ving-cinq flambeaux
de cuivre , qui ont été rendus en exécution de
notre Ordonnance dudit jour huit du présent
mois. Et pour la contravention commise par ledit Leroi , le condamnons en trois mille livres
d'amende : lui faisons défenses de récidiver ,
sous peine de fermeture de Boutique, privation
de son état , & de punition exemplaire , sur
laquelle amende avons adjugé six livres audit
Revel Huissier. Et sera notre présente Sentence
exécutée nonobstant oppositions ou appellations quelconques, & sans préjudice d'icelles ,
imprimée , lûë , publiée & affichée dans tous
les lieux & carrefours de cette Ville & Fauxbourgs accoutumés, même à la porte dudit Leroi Traiteur , à ce que personne n'en prétende
cause d'ignorance. Ce fut fait & donné par
nous CLAUDE-HENRY FEYDEAU DE MARVILLE,
Chevalier, Comte de Gien , Conseiller du Roi
en ses Conseils , Maître des Requêtes ordinaire
de son Hôtel , Lieutenant Général de Police
de la Ville , Prevôté & Vicomté de Paris , tenant le Siége de l'Audience de la Chambre de
Police audit Châtelet les jour & an que dessus.

*Signé* FEYDEAU DE MARVILLE.

# TABLE

### Du Catéchisme.

# TABLE

## *Des Piéces mélées.*

Pour servir à l'Histoire de la Maçonnerie.

Fin de la Table.

# FAUTES PRINCIPALES

*A corriger dans le Catéchisme.*

PAGE 13. *ligne* 22. de Vénérables, *lisez* des Vénérables.

Page 48. *ligne* 13. *de la note,* épargner eette, *lisez* épargner cette.

Page 51. *ligne* 13. par le hau, tune, *lisez* par le haut, une.

Page 59. *ligne* 26. & près, *lisez* & prêts.

Page 66. *ligne* 11. néceffaires, *lisez* néceffaire.

Page 68. *ligne* 17. d'étre reçu, *lisez* d'être reçu.

Page 77. *ligne* 1. *de la note,* l'Hebreux, *lisez* l'Hebreu.

Page 78. *ligne* 15. raffemblés, *lisez* raffemblés.

Page 79. *ligne* 10. de l'Apprentif-Compagnon, *lisez* de l'Apprentif-Compagnon.

Page 87. *ligne* 24 Frères, acoliftes, *lisez* Frères, acolites.

*Page* 88. *ligne* 4. *de la note*, cette admirable voile, *lisez* cet admirable voile.

*Page* 92. *ligne* 12. foubçonne, *lisez* foupçonne.

*Page* 98. *ligne* 5. l'enterrent, *lisez* l'enterrerent.

*Page* 109. *ligne* 6. rôles, *lisez* rôle.

*Page* 115. *ligne* 14. jugés, *lisez* jugé.

*Idem ligne* 18. eux-même, *lisez* eux-mêmes.

---

*Fautes principales à corriger dans les Piéces mêlées,*

P*AGE* 13. *ligne* 6. la, *lisez* &.

*Idem ligne* 7. &, *lisez* la.

*Page* 59. *ligne* 20. parvenus, *lisez* parvenu.